Susanne Mierau

GEBORGEN WACHSEN

Susanne Mierau

GEBORGEN WACHSEN

◇ ◇ ◇ ◇ ◇ ◇ ◇

Wie Kinder glücklich groß werden

Kösel

Verlagsgruppe Random House FSC® N001967

Copyright © 2016 Kösel-Verlag, München,
in der Verlagsgruppe Random House GmbH,
Neumarkter Str. 28, 81673 München
Lektorat: Dr. Diane Zilliges, Murnau
Fotos: Susanne Mierau
Umschlag: Weiss Werkstatt, München
Umschlagmotiv: © plainpicture / Dorothee Hörstgen
Satz: Buch-Werkstatt GmbH, Bad Aibling
Druck und Bindung: GGP Media GmbH, Pößneck
Printed in Germany
ISBN 978-3-466-31062-3
www.koesel.de

Dieses Buch ist auch als E-Book erhältlich.

Inhalt

Vorwort

Wir alle wünschen unseren Kindern das Beste, von Anfang an: Sie sollen geschützt und glücklich im Mutterbauch heranwachsen, eine leichte Geburt ohne Komplikationen erleben und sanft in der Familie ankommen, wo sie geliebt und umsorgt werden. Das ist es, was wir unter Geborgenheit verstehen. Geborgenheit ist all das Schützende, Hegende, das liebevoll Umsorgende. Es ist das, was uns ein warmes Gefühl im Herzen gibt und Vertrauen wachsen lässt. Baustein einer sicheren Bindung. Ein Leben gänzlich ohne dieses Grundgefühl lässt sich schwer vorstellen. Und dennoch ist es nicht greifbar: Geborgenheit lässt sich nicht zwangsweise herstellen. Ist ein Kind im Tragetuch, muss es nicht unbedingt geborgen sein, auch nicht, wenn es mit Eltern und Geschwistern im Familienbett schläft. Und nur weil man sein Kind im Geburtshaus zur Welt bringt, hat man es nicht am geborgensten Ort der Welt geboren. Geborgenheit ist etwas, das wir mit unseren ganz eigenen Zutaten selbst herstellen. Es ist ein Familienrezept, das in jeder Familie ein wenig anders aussehen kann. Jeder bedient sich anderer Zutaten, damit das entsteht, was die Familie glücklich macht.

Nicht nur unsere Kinder benötigen etwas von dieser Geheimrezeptur, auch wir Eltern sind darauf angewiesen: von der Schwangerschaft über die Geburt bis zum Erleben unserer Eltern- und Partnerschaft. Auch wir wachsen jeden Tag und benötigen Rückhalt und Anerkennung, genau wie unsere Kinder. Ein liebendes Wort, ein aufmunterndes Zunicken, die Bestätigung eines anderen Erwachsenen, dass wir einfach all das geben, was wir können. Uns Eltern verbindet, dass wir uns alle jedes Glück der Welt für unsere Kinder wünschen und unser

Möglichstes dafür tun. Doch wie der Weg in eine schöne Kindheit und das gute Familienleben im Detail aussieht, wissen wir nicht so genau. Was sind denn die Zutaten für das geborgene Aufwachsen? Viele Eltern sind verwirrt: Hausgeburt oder Klinik? Familien- oder Kinderbett? Stillen oder nicht? Oft wird betont, dass diese Entscheidungen einen grundlegenden Einfluss auf die Entwicklung des Kindes nehmen – und sie demnach auch folgenschwere Fehler begehen könnten. Schließlich sind die ersten Lebensjahre die Basis für das gesamte weitere Leben. Nervenverbindungen werden aufgebaut oder eben auch nicht. Es werden die Grundlagen dafür gelegt, wie Kinder später mit ihrer Umgebung umgehen, ob und wie sie lieben und Freundschaften aufbauen, wie sie Glück empfinden. Auf das Bauchgefühl hören – das fällt uns heute nicht mehr so leicht, wenn wir all diese Dinge wissen und berücksichtigen wollen. Und vielleicht rät das Bauchgefühl ja auch genau zu etwas, das bei anderen Eltern im Bekanntenkreis gerade nicht besonders beliebt ist oder das gegen gesellschaftliche Konventionen verstößt. Oder unser Bauchgefühl steht mit den Gedanken in unserem Kopf in einem schwierigen Konflikt.

Vielleicht vermutest du es schon längst, hast dich aber noch nicht getraut, es wirklich anzunehmen: Es gibt viele Wege zum Glück. Es gibt viele Arten, eine glückliche Elternschaft und eine geborgene Kindheit zu leben. Die allerwichtigste Voraussetzung dafür bringen die meisten Eltern von sich aus mit: Sie lieben ihre Kinder. Sein Kind zu lieben und anzunehmen, ist die Basis für eine sichere Bindung, auf der alles andere aufbaut. Wie der Rahmen darum gestaltet wird, kann ganz unterschiedlich sein, solange diese Grundvoraussetzung gegeben ist. Es gibt einige Dinge, die es leichter machen, eine sichere Bindung aufzubauen und zu erhalten. Handwerkszeug, das die Entstehung der sicheren Bindung besonders gut unterstützt. Aber viele Sachen sind nicht zwingend notwendig. Denn Kinder sind auch sehr anpassungsfähig und wachsen immer – schon im Mutterleib – in die Bedingungen der Umgebung hinein. Es ist Zeit, dass wir Eltern uns entspannt zurücklehnen und auf der Basis einiger kleiner und einfacher Zutaten das genießen, was wir uns an geborgener Familie zubereiten.

Als meine Tochter geboren wurde, wünschte ich mir, ihren Bedürfnissen ganz nachzukommen. Ich traf viele Entscheidungen – vom Stillen über das Tragen bis hin zum Schlafen. Als dreieinhalb Jahre später mein Sohn zu Hause in meinem Arm lag, merkte ich, dass für ihn andere Dinge wichtig waren als damals für meine Tochter. Ich ging einen anderen Weg. Trotz der Unterschiede in den Entscheidungen stand immer im Vordergrund, dass meine Kinder eine sichere Bindung aufbauen sollten. Ich merkte: Es gibt ihn nicht, den einen immer richtigen Weg.

Deswegen ist dieses Buch auch keine Anleitung dazu, den einen Weg einzuschlagen, der zwangsläufig zum Glück führt. Es möchte dich dabei begleiten, den für dich ganz persönlich richtigen Weg zu finden, der zu deinen Lebensumständen passt. Es zeigt auf, welche Dinge wirklich wichtig sind und wie du sie auf unterschiedliche Weise ausgestalten kannst, um sie an deine eigenen Bedürfnisse anzupassen. Es zeigt die vielen Zutaten und Rezeptvarianten für geborgenes Wachsen als Familie.

◇ ◇ ◇ ◇ ◇ ◇ ◇

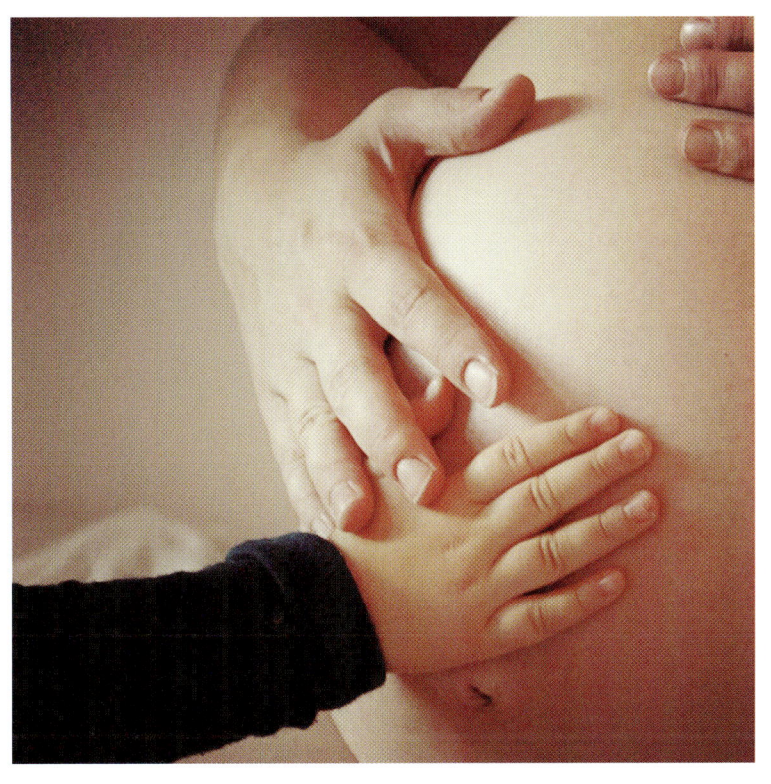

Verbunden von Anfang an –
Wie die Melodie unseres Lebens entsteht

Ich frage (werdende) Eltern in meinen Kursen immer, was ihrer Meinung nach eine glückliche Kindheit ausmacht. »Liebe« ist eine der häufigsten Antworten. Aber auch: gesehen zu werden, Berücksichtigung der Bedürfnisse, Zeit mit den Eltern zu verbringen, viel Körperkontakt, sich ausprobieren dürfen, keine Gewalt erleben. Betrachten wir diese Antworten, wird eines klar: All dies sind genau die Zutaten, die für den Aufbau einer sicheren Bindung wichtig sind. Eine glückliche Kindheit zu haben bedeutet, sichere Bindungen zu haben. Und andersherum: Eine sichere Bindung zu den Bezugspersonen ist eine gute Voraussetzung, damit die Kindheit als glücklich und geborgen erlebt wird.

Was bedeutet Bindung eigentlich?

Bindung, das ist das Zauberwort der Pädagogik und der Psychologie. Schließlich wird auf sie so vieles zurückgeführt: wie sich kleine Babys bewegen, wie viel Nähe sie brauchen, wie sie auf andere reagieren, ob die Eingewöhnung im Kindergarten langsam oder schnell verläuft. Natürlich auch, wie die Kinder Beziehungen zu anderen Kindern und Erwachsenen aufbauen, und schließlich, wie sie später ihre Partnerschaft leben. Bindung begleitet uns ein ganzes Leben lang und ist eine Grundbedingung für die Entwicklung. »Bindung vor Bildung«, schreibt der Kinder- und Jugendpsychiater Karl-Heinz Brisch und meint, dass Bindung die Basis für jedes weitere Lernen ist. Auf der Grundlage einer sicheren Bindung ist das

Kind überhaupt erst fähig, neugierig und freudig die Welt zu entdecken.

Tatsächlich können wir uns Bindung vorstellen wie ein Band, das zwischen Kind und Eltern verläuft. Das, was wir zwischen unseren Kindern und uns spannen, ist individuell und einzigartig, ein unsichtbarer Faden von unglaublicher Intensität.[1] Nicht austauschbar, nicht einfach zu einer anderen Person zu verlagern. Es ist das besondere Garn unseres Lebens, das wir verweben, mit vielen anderen Strängen zur Familie und zu Freunden. Es soll schließlich einen warmen und weichen Teppich ergeben, auf dem wir uns bewegen.

Es ist das Grundbedürfnis eines jeden Menschen, solche Bänder, einen solchen Teppich herzustellen. Doch schon hier fängt das »Kann« an, denn es sind ganz unterschiedliche Wege möglich: Die Person, an die sich das Baby bindet, muss nicht zwangsläufig eines der biologischen Elternteile sein. Es ist auch möglich, dass Adoptiveltern, Großeltern, Pflegeeltern oder andere Personen, die dem Baby Schutz und Zuwendung bieten, diese Bindungspersonen werden. Erste Bindung muss nicht weiblich sein. Zwar wird schon in der Schwangerschaft ein Band aufgebaut, doch ist dies zu Beginn des Lebens aufseiten des Kindes noch sehr variabel. Bei der Auswahl der Personen, an die sich das Baby bindet, ist es nämlich genetisch nicht festgelegt: Bevorzugt werden die Menschen, die eben am meisten Zuwendung zeigen und am stärksten verfügbar sind. Solche, die es nähren und am Leben erhalten. Das muss nicht jemand sein, der es wunderbar und optimal versorgt, sondern lediglich ein Mensch, der die Grundbedürfnisse nach Schutz und Pflege erfüllt. Bindung ist aufseiten des Neugeborenen erst einmal ein Sicherheitssystem, das das Überleben gewährleistet. Der Überlebensinstinkt des Babys ist so groß, dass es sich sogar an Menschen bindet, die nicht feinfühlig und sorgsam mit ihm umgehen, sondern es vielleicht nur gerade so in den Grundbedürfnissen versorgen. Nicht das Vorhandensein einer Bindung sagt also etwas über die Geborgenheit aus, sondern die Art, wie diese Bindung ausgestaltet ist. Dass Babys überhaupt eine Bindung eingehen, ist erst einmal reiner Überlebenstrieb. Jedes Kind hat irgendeine Art von Bindung zu den Hauptbezugspersonen.

Die vielen Arten der Bindung

Wie sich die Qualität der Bindung entwickelt, hängt davon ab, wie genau die Interaktion stattfindet und auf welche Weise das Baby umsorgt wird. Wird prompt, sicher und angemessen auf die Bedürfnisse eingegangen, kann sich eine sichere Bindung entwickeln. Zeigt die Bindungsperson aber stark schwankende Verhaltensmuster oder ist sie sogar ablehnend, bildet sich eine andere Art der Bindung aus, die sich wiederum darauf auswirkt, wie das Baby die Welt erlebt und später von sich aus Kontakte aufbaut. Es wird dann später selbst auch eher ambivalent sein.

John Bowlby und Mary Ainthworth haben in ihren Studien vier Bindungstypen identifiziert, die sich aus der Art, wie Eltern auf die Bedürfnisse des Kindes eingehen, ausbilden: die sichere Bindung, die unsicher-vermeidende Bindung, die unsicher-ambivalente Bindung und die desorganisierte Bindung. Wenn wir von bindungsorientierter Elternschaft sprechen, ist das Ziel, eine sichere Bindung zwischen Eltern und Kind aufzubauen. Hier bei uns ist diese Form bei etwa 60 bis 65 Prozent der Mutter-Kind-Bindungen anzutreffen. Das ist nicht viel. Es wäre schön und auch für die Gesellschaft wünschenswert, wenn es viel mehr wäre. Doch dieser Prozentsatz ist dem Umstand geschuldet, dass wir so mit Kindern umgehen, wie wir es nicht nur in der eigenen Familie, sondern auch im historisch und soziologisch gesetzten Rahmen erlernt haben und welche Ziele wir mit »Erziehung« verfolgen. Je mehr

wir verstehen, welch wichtige Bedeutung die Bindung von Anfang an hat und mit welch kleinen Veränderungen man Einfluss nehmen kann, umso intensiver können wir Bindung aufbauen und umso mehr nähern wir uns einer letztlich für alle
besseren Zukunft an.

Die Bindungstheorie

Der britische Kinderarzt und Psychoanalytiker John Bowlby
(1907 bis 1990) ist der Begründer der Bindungstheorie. Entgegen den Annahmen der Kollegen seiner Zeit, die nach Sig-
mund Freud psychische Störungen auf innere Konflikte zu-
rückführten, kam Bowlby zu der Überzeugung, dass die
frühen Umwelterlebnisse, also äußere Faktoren und insbesondere die Bindungserfahrungen des Kindes, die psychische
Entwicklung beeinflussen. In der Abteilung für Kinderpsycho-
therapie einer Londoner Klinik beobachtete er nach Kriegsen-
de die traumatischen Auswirkungen von Trennung von oder
Verlust der Bindungspersonen auf Kinder. Eine von ihm im
Auftrag der Weltgesundheitsorganisation (WHO) durchgeführ-
te Studie über die hohe Säuglingssterblichkeit der Nachkriegs-
zeit in europäischen Waisenhäusern unterstützte seine These,
dass mangelnde Beziehungen und Bindungen verletzende bis
tödliche Auswirkungen auf Kinder haben.

Seine Mitarbeiterin Mary Ainthworth entwickelte 1970
den »Fremde Situation«-Test: einen Test für Mutter und Kind,
durch den das Bindungsmuster bestimmt werden kann. Neben den drei ursprünglichen Mustern, »sichere« Bindung, »unsicher-vermeidende« und »unsicher-ambivalente«, kam etwas
später die »desorganisierte« Bindung dazu, die bei Beziehungen mit traumatisierten Eltern auftritt.

Auf Basis der Studien beider Forscher hat sich die Sicht
auf das Kind und die Beziehung zwischen Bindungsperson
und Kind revolutioniert. Die Bindungstherapie wurde in den
folgenden Jahren aus den unterschiedlichsten Blickwinkeln
untersucht und weiterentwickelt und bildet heute die Basis
für viele Konzepte der pädagogischen und psychologischen
Betrachtung. Es ist mittlerweile unumstritten, dass die frühen
Bindungserfahrungen das Fundament der seelischen Entwicklung bilden.

Bei der angestrebten sicheren Bindung kann das Kind seine
Bedürfnisse äußern und bekommt verlässliche, prompte und
angemessene Antworten darauf. Auf dieser Basis entwickelt
sich ein grundlegendes Vertrauen, das auch später Beziehungs-
muster prägt und die Basis für die gesamte Persönlichkeitsent-
wicklung bildet. Sicher gebundene Kinder verfügen meist über
mehr Empathie, Flexibilität und Kreativität, sind ausdauernder
und lernen leichter. Mit der Zeit wird das Band immer fester,
auf Basis dessen, was das Kind erlebt.

Wenn die Kommunikation aber gestört ist und Bindungspersonen unzuverlässig auf die Bedürfnisse des Babys reagieren, wird das Kind dieses Vertrauen nicht aufbauen und sei-
nerseits auch weniger sichere Bindungen eingehen können.
Es wird zwischen der unsicher-vermeidenden Bindung und
der unsicher-ambivalenten Bindung unterschieden. Eine unsicher-vermeidende Bindung kann entstehen, wenn auf die Bedürfnisse von Babys in den Situationen, in denen sie Sicherheit
und Schutz benötigen, nicht angemessen mit Zuwendung reagiert wird, sondern sie mit diesem Bedürfnis allein gelassen
werden und selbstständig damit umgehen sollen. Sie erfahren
dann, dass sie von ihren Bindungspersonen nicht ausreichend

versorgt werden und vermeiden mit der Zeit zunehmend das Einfordern von Unterstützung, Nähe und Zugewandtheit. Die unsicher-ambivalente Bindung kann durch zwiespältige Signale entstehen: Einerseits wird in den Situationen, in denen das Baby liebevolle Zuwendung benötigt, diese auch durch Körperkontakt gegeben, gleichzeitig aber beispielsweise verbal oder durch die Körperhaltung signalisiert, dass diese intensive Zuwendung unerwünscht ist: Das Baby wird getröstet, bekommt aber gleichzeitig gesagt, dass es sich nicht so aufregen soll, dass es nun aber genug sei oder es keinen Grund habe. Hierdurch fällt es dem Kind besonders schwer, sich schnell wieder zu beruhigen. Das Erkundungsverhalten von unsicher-ambivalent gebundenen Kindern ist eingeschränkt, da die oft ängstlichen Bindungspersonen ihnen vermitteln, dass das Erkunden zwar interessant, aber auch gefährlich sei. Gibt es bei der Erkundung Probleme, weiß das Kind, dass es von der Bindungsperson zwar getröstet, gleichzeitig aber auch für schuldig erklärt wird und vermeidet daher das Erkunden gänzlich. Beide unsicheren Bindungsmuster können sowohl die psychische als auch die kognitive und emotionale Entwicklung negativ beeinflussen. Die desorganisierte Bindung entsteht auf Basis von traumatischen Erlebnissen der Bindungspersonen, die diese nicht ausreichend verarbeitet haben. Weil sie in einigen Situationen von ihrem eigenen Traumata überrollt werden, können sie sich nicht angemessen dem Kind zuwenden und im Gegenteil furchterregend wirken oder das Kind selbst traumatisieren. In anderen Situationen reagieren die Eltern aber auch feinfühlig und sensibel. Auf diese Weise kann das Kind jedoch kein sicheres inneres Bild vom Verhalten der Bindungsperson aufbauen, was zu vielfältigen Problemen im Zusammenleben mit anderen Menschen führen kann.

Auch Kinder, die Gewalterfahrungen machen müssen, haben eine Bindung an ihre Bezugspersonen – aber eben keine sichere. Dies wirkt sich auf ihre Lernfähigkeit, ihr Empfinden und ihre gesamte Weltsicht aus.

Neben der Hauptbindungsperson gibt es für Babys durchaus viele Möglichkeiten, sich auch anderweitig versorgen zu lassen und Bindungen zu weiteren Personen einzugehen. Zahlreiche andere Kulturen zeigen uns: Die Versorgung des Babys ist nicht immer nur Aufgabe der genetischen Mutter, sondern kann durch einen ganzen Stamm, durch viele verschiedene Menschen erfolgen. Sogar in Bezug auf das Stillen sind Babys anfangs nicht ausschließlich auf die eigene Mutter fokussiert, sondern trinken problemlos an der Brust anderer Mütter. Bindung ist also eine sehr vielschichtige Angelegenheit, die beim Kind zwar genetisch vorgegeben ist, aber in der personellen Ausgestaltung sehr verschiedene Formen annehmen kann. Keine davon ist schlechter oder besser, solange die Bedürfnisse des Babys beachtet werden.

Was wir für eine sichere Bindung tun können

Bindung beginnt nicht erst mit der Geburt. Sie beginnt schon viel früher: mit der Schwangerschaft oder eigentlich schon dann, wenn wir uns ein Kind wünschen, wenn wir uns auf den Weg begeben, schwanger zu werden. Schon zu diesem Zeitpunkt machen wir uns die ersten Gedanken darüber, wie wir wohl als Eltern sein würden und wie unser Kind wohl so wäre: Augen von Mama, Haare von Papa? Wir stellen uns vielleicht vor, wie es in unseren Armen einschläft und wie wir über seine zarte Haut streichen.

Im englischsprachigen Raum wird Bindung etwas differenzierter betrachtet als bei uns: »Bonding« ist dort die Bindung der Eltern an das Kind, »Attachment« die der Kinder an die Eltern.[2] Sprechen wir bei uns von »Attachment«, denken wir allerdings eher an »Attachment Parenting« und damit an eine bestimmte Form des Bindungsaufbaus. Ich bezeichne es daher lieber als »Elternverbundenheit«, weil damit ausgedrückt wird, dass Kinder immer eine Verbindung zu ihren Eltern aufbauen, unabhängig von der Qualität dieser Bindung. Tatsächlich sind die Wege zur Bindung auf beiden Seiten vielfältig und beginnen zu unterschiedlichen Zeitpunkten. Auf beiden Seiten allerdings lässt sich zu jedem Zeitpunkt der Entwicklung etwas tun, um Geborgenheit und Bindung zu unterstützen. Bindung kann wachsen und braucht manchmal auch einfach Zeit. Und: Es ist nie zu spät, um Geborgenheit zu geben – wie auch immer der Anfang war.

Wie sieht bindungsorientierte Elternschaft aus?

Bindungsorientierte Elternschaft bedeutet nicht, jeden Trend von »Stoffwindeln« über »Breifrei« bis »Kinderwagenverzicht« mitmachen zu müssen. Es bedeutet auch nicht, sich selbst aufzugeben und die Bedürfnisse des Kindes immer in den Vordergrund zu stellen. Bindungsorientierte Elternschaft bedeutet vor allem, das Kind wahrzunehmen, auf seine Signale richtig und angemessen zu reagieren, zur jeweiligen Familie passende Entscheidungen zu treffen und sich auf dieser Basis um eine sichere Bindung zu bemühen. Dabei gibt es einen großen Baukasten an bindungsunterstützenden Hilfsmitteln, aus dem sich Eltern nach Bedarf und Situation bedienen können. Es muss aber nicht immer alles sein. Wir alle sind unterschiedlich, leben in ganz verschiedenen Familienformen: von Alleinerziehenden über klassische oder Patchworkfamilien bis hin zu Regenbogenfamilien in verschiedenen Zusammensetzungen. Wir alle können bindungsorientierte Elternschaft leben, und zwar auf die Art, wie es eben zu uns passt. Es gibt keine Familienform, die per se »bindungsorientierter« wäre als eine andere, und kein Hilfsmittel, das von sich aus eine gute Bindung garantiert.

Wie das Band des Lebens beginnt

Da ist er nun, der positive Schwangerschaftstest. Bedeutungs-schwer liegt er in der Hand. Vielleicht ist es das erste Baby, vielleicht auch das zweite, dritte … Mit dieser Bestätigung, mit dem ersten Bild davon, dass nun ein weiterer Mensch in unser Leben tritt, kommen unmittelbar auch Gefühle hoch: Freude und Aufregung, Vorfreude und Glück oder vielleicht auch Angst oder Ablehnung. Wie wird es sein, Mutter/Vater zu werden? Werde ich dieses Kind lieben, wird es mich lieben? Kann ich ein weiteres Kind so lieben wie mein erstes?

Schon in diesen ersten Minuten fangen wir damit an, eine Verbindung herzustellen. Wir stellen uns Fragen, die das zukünftige Leben betreffen, den Schutz und die Versorgung des Kindes. Wir beginnen damit, ein Band zu knüpfen zu dem Leben, das in uns wächst. In den nächsten Wochen, Monaten und Jahren wird es stärker werden – bei einigen schneller, bei anderen langsamer. Jede Bindung ist individuell und hat ihren eigenen Weg.

Das Lied des Kindes selbst vernehmen

Von einem afrikanischen Stamm heißt es, dass das Geburts-datum nicht jenes ist, an dem das Kind empfangen oder körperlich geboren wird. Es ist der Tag, an dem die werdende Mutter die ersten Bewegungen des Kindes in sich spürt. Sie zieht sich zurück von ihrem Stamm, um das Lied ihres Kindes zu vernehmen. Sie wartet so lange, bis sie es hört – von ihrem Kind selbst. Sie ruht bei sich und ihrem Kind und hört ihm zu. Hat sie es vernommen, geht sie zurück und bringt dieses eine besondere Lied dem Stamm bei. Die anderen Frauen und Hebammen des Dorfes lernen es, um es während der Geburt und zur Begrüßung des Kindes auf der Welt zu singen. Das gesamte Dorf lernt dieses Lied, um es dem Kind vorzusingen, wenn es das braucht, wenn es sich verletzt hat oder bei besonderen Festen. Am Ende des Lebens wird dieses Lied als Abschied vom ganzen Dorf gesungen.[3]

In diesem Beispiel aus Afrika symbolisiert ein Lied eine Verbindung zu den anderen Menschen der Gemeinschaft, von der Zeit im Mutterleib bis zum Lebensende. Vom Wunsch nach einer Schwangerschaft bis zum Ende unseres Lebens reicht die Zeit, in der wir an unser Kind gebunden sind. In gewisser Weise sogar darüber hinaus, denn so wie wir unsere Kinder lieben und begleiten, so werden auch sie später mit ihren eigenen Kindern umgehen.

Muss ich das Baby in mir sehen, um verbunden zu sein?

Gerade am Anfang, wenn noch keine Bewegungen des Babys wahrnehmbar sind, ist der Kontakt zu ihm schwierig. Aber in einer ruhigen Minute können wir in uns hineinhorchen und die Gedanken zu dem Leben wandern lassen, das in uns wächst. Wie groß mag es jetzt sein? Wann werde ich es wohl zum ersten Mal fühlen?

Viele Eltern wünschen sich gerade jetzt Bilder, wollen das noch so ungreifbare Neue in ihrem Körperinneren sehen, es wirklich real machen. Dass Dinge auch ohne eine Abbildung existieren, ist in unserer heutigen bildlastigen Welt für manche schwer vorstellbar. Schließlich sind wir andauernd von einer Flut von Bildern umgeben, bekommen Fotos vom Mittagessen anderer zugesendet oder Selbstporträts von Freunden in jeder Lebenslage. Neben der Gewohnheit, alles in Bilder zu fassen, spielt beim Kontaktknüpfen auch oft die Angst eine wichtige Rolle: davor, dass es dem Kind nicht gut gehen könnte. Oder vor einer Behinderung des Kindes, den dann zu fällenden Entscheidungen und möglichen Auswirkungen auf das Leben.

In der Schwangerschaft sind drei Ultraschalluntersuchungen vorgesehen, die uns Bilder vom Kind geben können. Nur wenn medizinisch wichtige Gründe vorliegen, werden weitere angeraten. Der Wunsch, sein Baby zu sehen, zählt nicht dazu. Nicht einheitlich geklärt sind die möglichen Auswirkungen dieser bildgebenden Verfahren. Es gibt daher Schwangere, die ganz darauf verzichten, denn die Untersuchungen sind ein Kann, kein Muss. Letztlich liegt es in der Hand der Eltern zu entscheiden, wie viele und welche Untersuchungen durchgeführt werden.

Für die Entwicklung des zarten Bandes zwischen Eltern und ihrem Kind ist es manchmal eine Unterstützung, ein Ultraschallbild vor Augen zu haben, es in der Tasche bei sich tragen zu können und in einem unbeobachteten Moment darüber zu streichen. Denn auch das ist der Aufbau einer Bindung: sich auf das neu wachsende Leben besinnen und es mit Glückshormonen begrüßen zu können. Und gerade für den nicht-schwangeren Elternteil kann es die Möglichkeit sein, an das wachsende Kind zu denken und sich langsam daran zu binden.

Dafür brauchen wir allerdings keine monatlichen Bilder, sondern es reichen durchaus ein paar wenige aus. Schließlich wird schon bald das nur vage Gefühl von handfesten Impulsen abgelöst. Für manche Eltern und besonders Mütter ist die Bindung sogar intensiver, wenn sie sich kein Bild von ihrem Kind machen, sondern ganz in der für sie fühlbaren Symbiose von Mutter und Kind aufgehen können. Schließlich trennt die bildliche Wahrnehmung des Babys auch etwas von dieser Verbundenheit auf: Das Baby wird als Baby betrachtet, die Mutter als Mutter und die Schwangerschaft nicht mehr als natürlicher Zustand der Verbindung von beidem. Welches Vorgehen für die jeweiligen Eltern zur Unterstützung besser ist, muss eine werdende Familie für sich selbst entscheiden.

Bonding in der Schwangerschaft

Spürt die Mutter etwa ab der 17. Schwangerschaftswoche zum ersten Mal die Bewegung ihres Kindes, ist das der Beginn einer neuen Art von Kommunikation. »Ich bin hier«, sagen die Bewegungen. Im Gegenzug streicht die Mutter, der Vater oder ein Geschwisterkind über den Bauch: »Wir spüren dich.« Über Berührung findet Kommunikation statt. Wächst das Kind und wird es allmählich enger in der Gebärmutter, werden auf beiden Seiten immer mehr Berührungsreize wahrgenommen. Ein Fuß, der gegen eine Rippe stößt, wird sanft mit einem Händedruck beruhigt. Das Stoßen des Babys wiederum kann auch bedeuten, dass Mama sich bei der Arbeit nicht so aufregen soll … Es sind die allerersten Formen eines Zwiegesprächs über die Haut und das Tastempfinden. Eine Kommunikationsform, die ein ganzes Leben lang bestehen bleiben wird. Über Berührungen können wir so viel mehr erreichen und erfahren als über das bloße Bild des sich in uns befindenden Babys. Bindung entsteht auch über Berührung: während und nach der Schwangerschaft. Und gerade später kann sie das Tor zu einer Kommunikation mit größeren Schulkindern sein, die zeitweise nicht reden wollen. In der Schwangerschaft bereits legen wir den Grundstein dafür, miteinander ins Gespräch zu kommen – über die Haut. Und wir lernen mitzuteilen, dass wir verbunden sind.

Wann immer es daher möglich ist, sollten in der Schwangerschaft Momente der wohltuenden Berührung in den Alltag integriert werden. Dies kann am Abend eine entspannende Fantasiereise zum Kind sein. Während harmonische Musik läuft, legen wir die Hände auf den Bauch und spüren zum Kind hin. Je größer es wird, desto eher lassen sich vielleicht auch schon Körpermerkmale erahnen: Ist dies ein Kopf, der sich in die Hand schmiegt, oder ein kleiner Po? Für den Anfang empfiehlt die Bindungsanalytikerin Sabine Schlotz, sich eine Ankerkette zum Kind vorzustellen: In einem Moment der Ruhe kann die Verbindung zum Baby im Körper durch ein goldenes Band oder die Nabelschnur versinnbildlicht werden. Auf diese Weise kann das Band, das noch so zart und im Alltag schwer zu spüren ist, realer gemacht und die (Ver-)Bindung von Anfang an intensiver hergestellt werden.[4]

Entspannung ist in unserem Alltag wichtig. Noch wichtiger wird sie in einem Alltag mit Kindern. Deswegen ist es vorteilhaft, schon früh bewusst Entspannungszeiten ins Leben einzubetten, damit man als Eltern auch später nach der Geburt darauf achtet. Bleibt einmal wenig Zeit für solch exklusive Momente, reicht es aber auch, sich die Hand hier und da auf den Bauch zu legen und sich damit zu vergegenwärtigen, dass gerade ein Mensch im eigenen Körper heranwächst. Gerade beim zweiten oder dritten Kind, wenn die reine Bauchstreichelzeit weniger ist als in der ersten Schwangerschaft, können gut die kleinen Momente im Alltag genutzt werden: das Fahren in den öffentlichen Verkehrsmitteln, Wartezeiten, fünf ruhige Minuten in der Mittagspause, die Zeit auf der Spielplatzbank, wenn dem größeren Kind beim Spielen zugesehen wird. Durch diesen Kontakt haben es Eltern leichter, nach der Geburt die Verbindung aufzunehmen. Die Entwicklung der Bindung wird erleichtert, Eltern reagieren feinfühliger und emotionaler.[5]

Berührung, das bedeutet nicht nur einfaches Streichen über die Haut, sondern es setzt Hormone frei. Hormone, die uns glücklich machen und Bindung unterstützen. Im Alltag sorgen wir für uns, wenn wir bei Kopfschmerzen unsere Schläfen massieren oder bei Bauchschmerzen die Hand auf den Bauch legen. Bei angenehmen Gefühlen, positivem Körperkontakt, Massagen, dem Stillen, bei angenehmer Körperpflege und in anderen schönen Situationen werden die Glückshormone Dopamin und Oxytocin ausgeschüttet.[6] Oxytocin, dieses Liebeshormon, bewirkt Entspannung, ein Gefühl der sozialen Verbundenheit, es mildert Ängste, senkt den Blutdruck, verringert den Kortisolspiegel, verbessert die Wundheilung, regt das (Nerven-)Wachstum an.[7] Wird Oxytocin ausgeschüttet, fungiert es als Bindungshormon und wir fühlen uns dem Menschen uns gegenüber verbunden.

Nicht erst, wenn das Baby da ist, legen wir die Hand beruhigend und liebevoll auf seinen kleinen Körper, sondern bereits in der Schwangerschaft. Wir senden damit Willkommensgrüße an das ungeborene Kind. Zu jeder Sekunde ist die Mutter ohnehin mit ihrem Baby in einem Austausch, in einem Gespräch über das, was sie tut und erlebt. Dem Baby im Körper bleibt nichts verborgen.

Stress in der Schwangerschaft

Wir alle wissen: Stress wirkt sich negativ auf uns aus. Dies ist nicht nur eine Alltagsweisheit aus dem Arbeitsleben, sondern gilt insbesondere auch in der Schwangerschaft, denn was die Mutter fühlt und erlebt, wirkt sich auf das Baby aus. Das betrifft einerseits die körperliche Ebene, wenn durch schlechte Ernährung ein Mangel entsteht oder durch einen stark schwankenden Blutzuckerspiegel die Veranlagung zu Diabetes weitergegeben wird. Stresshormone wie Kortisol und Adrenalin gelangen ebenso zum Kind wie die schon erwähnten Glückshormone. So wird das Baby auf die breite Palette des

Empfindens vorbereitet. Es lernt die Melodie unseres Lebens
kennen, die leisen und die lauten Töne, die wilden und die
zarten. Diese Melodie ist es, die das Kind prägt und ein Leben
lang begleiten wird. Ist sie zu unausgewogen, hat das negative Auswirkungen. Untersuchungen im Zusammenhang mit
dem 11. September 2001 zeigen beispielsweise, dass sich der
Stress der damals Schwangeren intrauterin auf die Kinder aus-
gewirkt hatte: Sie hatten einen deutlich niedrigeren Kortisolspiegel, was die Balance des Stresshormonsystems dauerhaft
beeinflusste und zu kognitiven und emotionalen Problemen
führen konnte. Diese Babys ruhten weniger in sich, schrieen
mehr, wodurch wiederum die Bindungsbeziehung zu den Eltern negativ beeinflusst werden konnte.[8] Auch Stressfaktoren
wie Trennungen, der Tod einer nahestehenden Person oder
starke existenzielle Probleme können sich so auswirken.

Daher ist es wichtig, dass Schwangere zwar nicht völlig von
Stress befreit sind, aber zumindest nach Möglichkeit nicht län-
gerfristigem und starkem Stress ausgesetzt sind. Die Reizarmut der Gebärmutter, in der es dunkel, warm, eng und viel
ruhiger ist als »draußen«, ist schon mal ein körperlicher Schutz
der Mutter für das Baby. Es benötigt diese Abschottung vor
Reizen insbesondere für das sich entwickelnde Gehirn.[9] Hormone, ausgeschüttet durch bestimmte Situationen, erreichen
das Baby aber dennoch. Das Mutterschutzgesetz versucht
deswegen, vielen dieser äußeren Stressfaktoren entgegenzu-
wirken und werdenden Müttern sowohl im Hinblick auf ihre
Arbeit als auch in finanziellen Aspekten Unterstützung anzubieten, damit die Schwangerschaft möglichst stressarm verlaufen kann. Alle Mütter sollten daher zur Stressprävention
mit ihren Rechten vertraut sein und darüber hinaus nach Möglichkeit schon jetzt ein soziales Netz aufbauen, das sie unterstützt.

Bonding für Väter

Von Anfang an eine Bindung zu ihren Kindern aufbauen zu können, ist nicht nur ein Recht der Mütter. Auch dem anderen Elternteil sollte dies ermöglicht werden – selbst wenn diese Verbindung anfangs noch sehr zart ist und eher im Hintergrund der schwangeren Mutter passiert. Erst nach der Geburt kann sie sich vollständig entfalten und das Kind erfährt neben der Melodie des Lebens der Mutter auch die des Vaters (oder des gleichgeschlechtlichen Partners), verbindet sie zu einem gemeinsamen Lied, das es von nun an begleitet.

Gerade Vätern fällt die Bindung in den ersten Monaten schwer, wenn noch wenig vom Kind wahrnehmbar ist. Über die Teilhabe an Vorsorgeuntersuchungen mit der Hebamme oder Gynäkologin und gemeinsame Gespräche ist es jedoch möglich, auch nicht-schwangere Familienmitglieder früh einzubinden. Wichtig ist es, als werdende Mutter dem Partner von Anfang an das Gefühl zu geben, teilhaben zu können und von Bedeutung zu sein. Sätze wie »Du spürst ja nicht …« oder »Wenn du fühlen könntest …« sind wenig hilfreich. Gemeinsame Zeit am Abend, in der über den Bauch gestreichelt wird, das Vorsummen eines Liedes am Bauch und gemeinsame Planungsgespräche über Namen und Nestbau sind zielführender.

Nun ist auch ein guter Zeitpunkt, um sich in Ruhe über die eigene Kindheit auszutauschen, Unterschiede und Parallelen zu erkunden und auf Basis dessen auch die Erwartungshaltungen an die eigene Elternschaft zu klären: Hat ein Elternteil von Anfang an im eigenen Zimmer geschlafen und der andere bis zum Schulalter bei den Eltern? Im Laufe der nächsten Jahre müssen viele Entscheidungen getroffen werden, viele unterschiedliche Standpunkte zwischen Vater und Mutter werden ausgetauscht. Es ist gut, sich schon vor der Geburt über wesentliche Dinge zu unterhalten.

»Wie war das eigentlich bei dir?«

Wir alle haben verschiedene Geschichten im Hintergrund, bringen unsere eigene Melodie mit in eine Beziehung, die sich dann mit der unseres Partners verwebt. Schon vor der Geburt können die vielleicht unterschiedlichen Meinungen zu einigen Themen der Elternschaft angesprochen werden, damit man später nicht plötzlich vor übergroßen Unterschieden steht. Elternschaft bedeutet an vielen Punkten auch immer wieder ein Aushandeln zwischen den Partnern. Ihr könnt euch gegenseitig fragen:

◇ Wer wurde gestillt und wie lange? Wie wünschen wir uns das für unser Kind?
◇ Wie nah waren die eigenen Eltern? Welchen Stellenwert hatten Berührung und Kuschelzeit?
◇ Wo hat man als Kind geschlafen? Ist das Familienbett, in dem alle gemeinsam schlafen, schon aus der eigenen Kindheit bekannt?
◇ Welchen Raum hat man als Kind in der Familie eingenommen? Wie viele Geschwister waren da, hat man sich ein Zimmer mit ihnen geteilt, ebenso die Spielsachen? Wie wichtig sind materielle Güter?
◇ Wann ist man selbst in den Kindergarten gegangen? Wie sieht die Planung in Bezug auf Familie, Arbeit und Kinderbetreuung für die nächste Zeit aus? Was sind die Erwartungen an den/die Partner/in?

Wenn sich Paare mit diesem Gespräch anfangs schwertun, kann es auch hilfreich sein, wenn jeder einen Brief an das Kind schreibt – mit den Wünschen, die er selbst für das Kind hat. Diese Briefe kann man sich dann gegenseitig vorlesen und auch später in schwierigen Zeiten oder Momenten der Unsicherheit wieder hervorholen. Sie sind im Fotoalbum auch eine schöne Erinnerung für das Kind.

Schon in der Schwangerschaft wird dem ersten Baby ein Platz in einem Gefüge eingeräumt, das zuvor nur aus zwei Personen bestand. Aus der Paarbeziehung wird bereits jetzt ein Dreieck, das zunächst besonders auf Mutter und Kind fokussiert ist.[10] Der werdende Vater darf jedoch nicht übersehen werden, sich nicht ausgeschlossen oder überflüssig fühlen neben dieser engen Beziehung. Er braucht seinen eigenen Raum, sowohl als Partner als auch als Vater.

Im Geburtsvorbereitungskurs wird die Elternschaft bereits sehr viel konkreter und Väter können sich untereinander austauschen und eigene Fragen klären. Die Summe all dieser Möglichkeiten ergibt für den Partner das Gefühl der Teilhabe, lässt auch für ihn das Baby realer werden und führt so im besten Falle dazu, dass nach der Geburt das Bonding schneller verlaufen und auch der Vater gut auf die Bedürfnisse des Babys eingehen kann. Doch auch hier gilt wie bei allen anderen Dingen: Behutsames Zeitlassen ist von großer Bedeutung. Jeder Vater hat sein eigenes Tempo und lernt im Laufe der Elternschaft seinen Weg kennen.

Bonding für Geschwisterkinder

Wird ein Baby in eine Familie geboren, in der es schon eines oder mehrere Kinder gibt, können die späteren großen Schwestern und Brüder ebenfalls bereits in der Schwangerschaft ein Band zu ihrem kleinen Geschwisterchen knüpfen. Je nach Alter des Kindes kann der Aufbau dieses ersten zarten Bandes ganz unterschiedlich gestaltet werden: vom gemeinsamen Eincremen, Streicheln oder Anmalen des Bauches über das Nachverfolgen des Babywachstums anhand von Obst- und Gemüsesorten bis hin zum Vorsingen von Liedern und Gute-Nacht-Küssen auf den Bauch.[11]

Vorbereitung von Geschwistern

So kannst du Kinder liebevoll auf das neue Geschwisterchen vorbereiten:

◇ Gut ist es, bewusst andere Familien mit mehreren Kindern zu treffen.

◇ Du kannst dem Kind Kinderbücher vorlesen, in denen es um Geschwister geht.

◇ In Geschwisterkursen lernen Kinder die Bedürfnisse und den Umgang mit einem Baby kennen. Eltern lernen dabei gleichzeitig, was sie ihren Kindern im Umgang mit dem Baby zutrauen können und wie sie den Beziehungsaufbau unterstützen.

◇ Lass das große Geschwisterkind mit dem Baby im Bauch sprechen: Es kann ihm ein Lied vorsingen, es morgens begrüßen und ihm abends Gute Nacht wünschen.

◇ Es kann den Bauch auch streicheln oder sogar anmalen.

◇ Mit größeren Kindern kann besprochen werden, wie groß das Baby im Bauch schon ist, und man kann gemeinsam einen Zeitstrahl basteln, auf dem man die Größe anhand von gemaltem Obst oder Gemüse nachbildet.

Gerade für das Erstgeborene wird es eine große Umstellung, das Leben und die Eltern nun mit einem neuen Geschwisterkind zu teilen. Mit vielen kleinen Schritten kann das größere Kind schon in der Schwangerschaft sanft darauf vorbereitet werden. So nimmt es wahr, dass schon vor der Geburt ein neuer Mensch zu dieser Familie gehört, der eigene Bedürfnisse hat und berücksichtigt werden will. Die große Aufgabe der Eltern ist es nun, gerade nicht über ihre Kräfte hinauszugehen, sondern zu erklären, dass sich die Mutter mit ihrem kleinen Baby im Bauch auch einmal auf dem Sofa ausruhen muss anstatt durchs Zimmer zu tanzen. Kinder lernen so von Anfang an – noch bevor das Kleine wirklich sichtbar ist –, dass das Baby Bedürfnisse hat, die ernst genommen werden müssen. Und auch dies gehört zur Bindung dazu: sich in andere einfühlen zu können und Rücksicht zu nehmen. Natürlich bedeutet dies nicht, dass die Bindung zum »großen« Kind vernachlässigt werden sollte. Vielmehr müssen für diese Übergangszeit neue Rituale und gemeinsame Aktivitäten geschaffen werden, die allen Bedürfnissen gerecht werden. Gemeinsame Kuschelauszeiten, ein gemeinsames Bad und generell positiver Körperkontakt und liebevolle Zuwendung sind nun gute Begleiter.

Geborgen gebären,
geborgen ankommen

Wenn wir wissen, dass wir einen Menschen unter unserem Herzen tragen, tritt natürlich irgendwann der Gedanke an die Geburt in den Vordergrund. Die Geburt, dieses sagenumwobene Erlebnis, von dem wir schon so viel gehört haben. Vielleicht hatten wir Glück und haben viele positive Geburtsberichte erzählt bekommen, die uns bestärken und unterstützen. Vielleicht gab es aber auch negative Berichte, die uns ängstigen und Fragen aufwerfen. Was auch immer du gehört hast und von wem: Die Geburt, die du erleben wirst, ist einzigartig. Bei jedem Kind. Es wird die Geburt deines Kindes sein und wie auch immer sie geplant ist und wie sie dann tatsächlich abläuft: Du wirst dein Bestes geben für diese Geburt, denn alle Mütter tun alles, was sie können, damit ihre Kinder gut und sicher geboren werden.

Die Erfahrungen unseres Lebens, die Ängste und Befürchtungen oder auch die Sicherheit und das grundlegende Vertrauen in unseren Körper bringen uns auf den Weg zu unserer individuellen Geburtsentscheidung: Möchten wir lieber in ein Krankenhaus gehen, in ein Geburtshaus oder zu Hause gebären? Ina May Gaskin, die wohl bekannteste Hebamme der Welt und Trägerin des Alternativen Nobelpreises, drückt es folgendermaßen aus: »Wir Menschen sind Hamstern, Nashörnern, Eichhörnchen oder Erdferkeln in unserem Fortpflanzungsdesign nicht unterlegen. Es ist unser Kopf, der uns manchmal die Dinge schwermacht.«[12]

Die Geburt hat einen wichtigen Einfluss darauf, wie sich die Bindung weiterentwickelt und wie Eltern und Kind zusammenfinden. Der bekannte französische Geburtshelfer

Michel Odent spricht sogar davon, dass die Geburt die gesamte gesellschaftliche Liebesfähigkeit beeinflusst[13], denn Geburten, bei denen Glückshormone ausgeschüttet werden, beeinflussen uns in unserem Leben und im Umgang mit anderen. Demgegenüber stehen zunehmend Geburten, bei denen die Wirkung der Hormone unterwandert wird oder diese synthetisch ersetzt werden: Synthetisches Oxytocin wird zur Weheneinleitung gespritzt oder nach der Geburt, um die Plazenta schnell zu gebären. Durch die Trennung von Mutter und Kind nach der Geburt, zu wenig Unterstützung beim ersten Anlegen an die Brust oder geringe Berücksichtigung der wichtigen Bondingzeit können die so wichtigen Hormone nicht ausreichend ausgeschüttet werden oder nur in geringerem Maß. Dies muss mit der Zeit dazu führen, dass auch die Gesellschaft zunehmend weniger empathisch und liebevoll ist. Es ist also keineswegs egal, wie wir geboren werden. Weder für das Kind, noch die Eltern oder die Gesellschaft. Geborgenes Gebären ist für Mütter, Väter und Kinder gleichermaßen von Bedeutung. Und es gibt viele Orte, an denen eine solche Geburt möglich ist.

Es gibt Rahmenbedingungen, die sich auf die Geburt und die spätere Bindungs- und Liebesfähigkeit positiv auswirken, und solche, die weniger günstig sind. Es gibt Orte, die von sich aus eine höhere Wahrscheinlichkeit mit sich bringen, dass diese Rahmenbedingungen vorhanden sind oder eingehalten werden können, und solche, die schon von sich aus weniger positive Eigenschaften versammeln. Aber es gibt nicht *den* einen Ort, an dem immer alles wunderbar ist, und es gibt nicht *die* eine Art zu gebären. Geburt ist immer und jedes Mal individuell. Die Verurteilung bestimmter Geburtsorte ist daher nicht richtig. Jeder wählt den Weg, der für ihn grundlegend erst einmal stimmt. Und genau dort, an diesem Ort – wo er auch sein mag – gilt es dann, die besten Voraussetzungen

für eine gute Geburt zu schaffen. Damit alle gut im Familienleben ankommen und ein weiterer entspannter Bindungsweg
leichter wird.

Über das Loslassen

Gebären beginnt nicht mit den ersten Wehen. So wie Bindung
nicht erst mit der Geburt beginnt. Gebären beginnt mit dem Gefühl des Loslassens: Der Beginn einer neuen Phase ist zugleich
auch der Abschied einer alten. Viele Frauen berichten, dass sie
zum Ende der Schwangerschaft einfach keine Lust mehr hatten auf das Schwangersein, dass sie diesen alten Zustand loslassen konnten, um in den neuen überzugehen. Manchmal
fällt es aber auch gar nicht so leicht, diesen lieb gewonnenen
und so nahen Kontakt mit dem Baby aufzugeben. Oft wird die
Schwangerschaft auch als eine besonders schöne, emotional
weiche Zeit betrachtet. Eine Zeit der Ruhe, des Verwöhnens
und der großen Gefühle. Vielleicht erschweren auch Ängste
vor der Geburt oder der Zeit danach mit all den Umstellungen
die Möglichkeit, sich zu verabschieden.

Schwangerschaft ist ein anderer Umstand als das Eltern-
sein nach der Geburt. Um in diesen neuen Umstand überzugehen, müssen wir mit der vorherigen Phase abgeschlossen
haben und der neuen offen entgegenblicken. Hierfür kann es
hilfreich sein, sich den eigenen Ängsten zu stellen: Was macht
es mir schwer, mich auf die Geburt einzustellen? Gibt es etwas, was mich daran hindert, loszulassen? Gespräche mit der
Hebamme, dem Partner oder unterstützenden Familienangehörigen oder Freunden können hilfreich sein, um eigene Unsi-
cherheiten abzubauen. Denn solche blockierenden Gedanken
können auch auf den Geburtsverlauf Einfluss nehmen und den
gemeinsamen Start nach der Geburt erschweren.

Liebevoll den Abschied von der
Schwangerschaft zelebrieren

Sich von der Zeit der Schwangerschaft zu verabschieden, kann auch ein Grund zum Feiern sein! Gerade dann, wenn der errechnete Geburtstermin schon überschritten ist und man das sichere Gefühl hat, nun bereit zu sein. Hilfreich hierfür kann sein:

◇ Ein Gespräch mit dem Baby im Bauch führen. Dazu machst du es dir bequem, legst die Hände auf den Bauch und erzählst dem Baby, dass du nun bereit bist, es in Empfang zu nehmen und auf der Erde zu begrüßen.

◇ Einen schönen Partnerabend verleben: Geht essen, ins Kino, genießt die Partnerschaft zu zweit und sprecht miteinander über die möglichen Veränderungen der nächsten Zeit.

◇ Entzünde ein Licht als Willkommensgruß.

◇ Du kannst auch eine Geburtskerze gestalten, mit Motiven oder Symbolen zu dem, was du dir für die Geburt wünschst.

◇ Schön ist es auch, eine Skylaterne in den Himmel steigen zu lassen, die du (gedanklich oder über gemalte Symbole) mit lieben Wünschen für die Geburt und das Baby versehen hast.

Hilfreich für eine geborgene Geburt

Geburt kann, wie gesagt, an vielen verschiedenen Orten auf eine gute Weise stattfinden, wenn wir berücksichtigen, was Gebärende, Geburtspartner und Kinder für ein gutes Ankommen benötigen. Daher ist es für werdende Eltern wichtiger als alles andere, zu erfahren, welche Bedingungen es sind, die Geburten positiv beeinflussen können.

Das schon erwähnte Bindungshormon Oxytocin hat auch während der Geburt und in der Zeit danach viele wichtige Funktionen: Es verursacht die Kontraktionen der Gebärmutter. Während das Kind durch den Geburtskanal kommt, steigt der Oxytocinspiegel im Blut der Mutter weiter an, sodass unmittelbar nach der (vaginalen) Geburt im Körper der wohl höchste Oxytocinspiegel ihres Lebens vorliegt.[14] Genau jetzt ist sie bereit, eine Bindung zum Baby einzugehen: es nah bei sich zu haben, es zu riechen, zu spüren und sich in das Kind zu verlieben. Gleichzeitig sind die Schmerzen der letzten Stunden wie weggewischt, denn das Oxytocin legt einen sanften Schleier des Vergessens auf diese Erfahrungen. Das Baby begibt sich auf die Suche nach der Brust und beginnt, die ersten Tropfen Muttermilch zu trinken, wodurch dieses Liebeshormon ebenfalls ausgeschüttet wird. Hierdurch kontrahiert die Gebärmutter weiterhin, um nun die Plazenta zu gebären, und die Kontraktionen mindern die Blutungen.

Was wir also unbedingt für eine gute Geburt beachten müssen, ist, dass die Ausschüttung des natürlichen Oxytocins geschehen kann. Die Gabe von synthetischem Oxytocin, wie es zur künstlichen Einleitung der Wehen oder nach der Geburt zur prophylaktischen Blutungsminderung gegeben wird, hat allerdings nicht dieselben Wirkungen wie die natürliche Variante und kann dessen Wirkung – gerade in Bezug auf den Bindungsaufbau – sogar negativ beeinflussen.[15] Auch das Vergessen nach der Geburt wird erschwert, sodass Mütter schmerzhafte Erfahrungen länger mit sich herumtragen.

Der Oxytocinspiegel steigt natürlicherweise an, wenn wir glücklich sind, uns geliebt fühlen und gelobt werden. Gerade diese Punkte sind während der Geburt leicht zu bewerkstelligen, wenn Geburtsbegleiter positiv mit Worten unterstützen und in Wehenpausen sagen, dass die Gebärende es gut macht, dass sie geliebt und geschätzt wird. Natürlich muss dies nicht pausenlos – und vor allem nicht automatisch, sondern wirklich so gemeint – passieren. Gebärende sollten nach Möglichkeit wenig durch Sprache, Anfragen und Nachdenken von der Geburt abgelenkt werden. Aber ein liebevolles und bekräftigendes Wort hier und da kann eine willkommene Unterstützung sein, egal wo die Geburt stattfindet.

Das wunderbare Liebeshormon gilt als recht scheu: Obwohl es bei Menschen noch wenig erforscht ist, ist aus dem Tierreich bekannt, dass Oxytocin besonders in Ruhe und Abgeschiedenheit ausgeschüttet wird. Es spricht also einiges dafür, dass wir eine Geburt besser in einem ruhigen und kleinen Rahmen zelebrieren sollten.[16] Wo auch immer wir gebären, sollten wir daher darauf achten, dass wir selbst uns geborgen fühlen.

Gegenspieler des Oxytocins ist das Adrenalin: Wenn wir Angst haben, werden Katecholamine wie Adrenalin vermehrt ausgeschüttet. Diese Hormone bewirken, dass wir in gefährlichen Situationen fliehen können. In der Natur heißt dies, dass beispielsweise Tiere, die kurz vor der Geburt stehen, bei drohender Gefahr diesen Vorgang unterbrechen und flüchten können. Sehr ähnlich ist es auch bei uns: Wenn wir unter der Geburt Angst bekommen, beispielsweise weil die bisher vertraute Hebamme ihre Schicht beendet und eine neue, unbekannte Hebamme kommt oder auch weil wir unser Zuhause verlassen müssen, um uns auf den Weg ins Krankenhaus zu machen, geht die Wehentätigkeit zurück – ein ganz normaler Vorgang. Michel Odent beschreibt sogar, dass Angstgefühle gewissermaßen ansteckend sind: Wenn Menschen in der Umgebung einer Gebärenden einen hohen Adrenalinspiegel haben, wird sie selbst auch Adrenalin ausschütten.[17]

Außerdem bewirkt das Adrenalin als Flucht- und Kampf-hormon eine Anspannung der Muskulatur, die sich natürlich auf die Beckenmuskulatur erstreckt: Wirken die Wehen gegen diese angespannte Muskulatur, entstehen mehr Schmerzen, was wiederum zu einer größeren Ausschüttung von Adrenalin führt.[18] Ein Teufelskreis entsteht, der schnell Interventionen nötig machen kann. Daher ist es von großer Bedeutung, eine entspannte Atmosphäre am Geburtsort zu schaffen. Das bedeutet: wenige oder nach Möglichkeit keine Wechsel des Ortes, verlässliche, gleichbleibende Betreuung, räumliche Gegebenheiten, die Sicherheit und Ruhe ausstrahlen. Ein Sicherheitsgefühl und angenehme Wärme bewirken auch, dass Betaendorphine ausgeschüttet werden, körpereigene Opiate, die Schmerzen lindern. Ein warmes Bad oder ein Lachen zwischendurch, durch das auch Betaendorphine ausgeschüttet werden, können Schmerzen unter der Geburt mindern.

Der geborgene Geburtsort

Darauf kannst du achten, um einen geborgenen Raum zu schaffen, wo auch immer du dein Kind zur Welt bringst:

◇ Angenehme Wärme ist wichtig.

◇ Sichere Räume (keine Durchgangsräume, in denen viel los ist) und die Möglichkeit des Rückzugs sollten gegeben sein. Gebärende sollten sich keinesfalls beobachtet fühlen.

◇ Lass möglichst wenige Ortswechsel zu. Manchmal muss man bei einer geplanten Hausgeburt zur Not in eine Klinik.

◇ Bitte um möglichst konstante Geburtsbegleitung durch Beleghebamme, Hausgeburtshebamme, Doula oder andere.

◇ Jegliche angstauslösende Faktoren sollten vermieden werden.

◇ Menschen, die die Geburt begleiten, müssen vertrauensvoll und entspannt sein: Die Vorbereitung des Partners auf die Geburt ist deswegen besonders wichtig.

◇ Bitte um positive Verstärkung während der Geburt durch aufmunternde Worte und gemeinsames Lachen.

◇ Sprich es vorab (insbesondere bei der Geburt in einer Klinik) ab, wenn du die Gabe von synthetischem Oxytocin nach Möglichkeit vermeiden willst.

◇ Kläre außerdem im Vorgespräch: Du als Gebärende führst durch die Geburt, die anderen Anwesenden begleiten dich.

Wenn ein Kaiserschnitt unumgänglich ist

Die natürliche Geburt ist einem Kaiserschnitt immer vorzuziehen, denn er bedeutet nicht »nur« einen Einschnitt in den Körper der Mutter und in ihr Leben, sondern wirkt sich auch auf das Kind aus. Dennoch gibt es Situationen, die einen Kaiserschnitt unumgänglich machen. Egal, welcher Grund vorliegt, auch hier gilt: Jede Mutter wählt die Geburtsart, von der sie überzeugt ist, dass sie das Beste für sich und das Kind darstellt.

Ist ein Kaiserschnitt also nicht vermeidbar, kann dennoch viel dafür getan werden, dass Eltern und Kind geborgen in der ersten Zeit als Familie ankommen. Besondere Bedeutung hat hier die Vorbereitung: Im Geburtsvorbereitungskurs sollten mögliche Komplikationen immer angesprochen werden und auch Möglichkeiten des Umgangs damit thematisiert werden. Wer einen geplanten Kaiserschnitt erleben wird, sollte sich in der Vorbereitung besonders darauf fokussieren, sich gute Hilfen an die Seite zu stellen und die Rahmenbedingungen in der Klinik vorher zu klären.

Geborgen mit Kaiserschnitt

Einiges an Hilfe kann bereits im Voraus organisiert werden oder es wird direkt nach dem Kaiserschnitt beachtet:

◇ Kontaktiere Hebamme und/oder Doula, ebenso die Stillberaterin schon vorher und frage, ob sie nach der Geburt unterstützend tätig sein können. Erkundige dich auch in Bezug auf eine Haushaltshilfe oder Mütterpflegerin.

◇ Lass dir vielleicht Gutscheine für diese zum Teil kostenpflichtigen Dienstleistungen von Freunden und Verwandten zur Geburt schenken. Es sind hilfreichere Geschenke als der zehnte süße Babybody.

◇ Klär mit dem Partner: Ist er bei der Geburt im OP dabei oder wartet er darauf, das Baby gebracht zu bekommen?

◇ Sind Familienzimmer im Krankenhaus verfügbar?

◇ Besonderer Wert sollte auf die Kleidung in der Kliniktasche gelegt werden: Weite, weiche, bequeme Sachen sind wichtig.

◇ Achte insbesondere darauf, dass keine weiteren, den Bindungsaufbau erschwerenden Faktoren dazukommen. So solltest du zum Beispiel keine starken Parfums in Creme und Duschgel verwenden.

◇ Besonders viel direkter Hautkontakt mit dem Baby ist wichtig, weil er die Oxytocinausschüttung fördert. Frag vorher, wie nach einem Kaiserschnitt bequem gekuschelt werden kann, und versuche, jede Trennung vom Baby zu vermeiden. Routineuntersuchungen wie Messen und Wiegen können auch nach einem Kaiserschnitt in den meisten Fällen warten.

Geborgene Geburten für Väter

Das geborgene Ankommen im Familienleben hat erst einmal viel mit der Mutter zu tun. Sie ist es, die letztlich die Entscheidungen über den Geburtsort, die Art der Geburt und die Rahmenbedingungen trifft. Sie ist es auch, die hormonell Einfluss auf die Geburt nimmt. Doch heute sind in unserer Gesellschaft auch die Geburtsbegleiter von großer Bedeutung. Auch wenn es einige Hinweise darauf gibt, dass sich Frauen früher viel eher allein zum Gebären zurückgezogen haben, sind wir in unserer Gesellschaft diese Einsamkeit nicht mehr gewohnt. Wir erwarten, wie in allen anderen Lebenslagen, Hilfe und Unterstützung. Der einsame Umgang mit Schmerz und Anstrengung ist aus unserem Leben gewichen. Und so hat es sich in den letzten Jahren zunehmend so entwickelt, dass neben dem Fachpersonal der Partner bei der Geburt anwesend ist. Er kann daher einen entscheidenden Einfluss auf diesen Vorgang nehmen.

Wie schon erwähnt, gibt es die Theorie der übertragbaren Angst: Ist der Partner also ängstlich, kann sich diese Anspannung auch auf die Gebärende übertragen. Im Vorfeld muss also das Paar gemeinsam entscheiden: Kann der Partner unterstützend an der Geburt teilnehmen? Braucht er vielleicht selbst Unterstützung in Form einer Doula, mit der er sich abwechseln kann. Oder wäre es für alle besser, wenn er lieber gar nicht direkt bei der Geburt dabei ist? Im günstigsten Fall kann er durch Aufmunterungen, liebe Worte, Massagen und Küsse die unterstützende Oxytocinausschüttung bei der Mutter verstärken und auf diese Weise das geborgene Ankommen ganz entscheidend beeinflussen.

»Ich kann ja sowieso nichts tun« gilt bei der Geburt nicht. Jede liebevolle Geste, selbst die Aufforderung an das Personal, für mehr Ruhe im Geburtsraum oder gedämpftes Licht zu sorgen oder auch um die Möglichkeit des Rückzugs für die Mutter zu bitten – all das können unermesslich wertvolle Hilfen sein. Hilfen, die man nicht sichtbar machen kann, die nicht in Zahlen darstellbar sind und vielleicht nicht einmal bewusst von der Gebärenden bemerkt werden. Aber es sind Hilfen für Kind, Mutter und somit auch für den nicht gebärenden Elternteil.

Geburt hat mit Geborgenheit und einem guten, liebevoll gebundenen Start ins Leben viel zu tun. Es ist nicht richtig, dass die Momente unmittelbar nach der Geburt die prägendste und wichtigste Zeit in Bezug auf die Entwicklung der Bindung ist. Aber sie sind wichtig und können – wenn sie gut vorbereitet und genutzt werden – eine wichtige Basis für eine bindungsorientierte Elternschaft sein. Wie wir schon gesehen haben, ist die Zeit davor ebenfalls prägend und auch die Zeit danach ist weiterhin wichtig.[19] Wir heißen unser Kind nicht erst mit der tatsächlichen körperlichen Geburt willkommen, sondern an jedem Tag mit ihm, vom Anfang des Wissens um die Schwangerschaft bis zum Ende unserer Elternschaft. Und so haben wir auch immer wieder die Chance, uns zu verändern und den Rahmen um uns neu zu bauen, das Lied neu anzustimmen und den Teppich anders zu weben.

Ein neues Kennenlernen

Es ist wie ein Wunder, wenn dieser kleine Mensch nach der Geburt zum ersten Mal in unseren Armen liegt. »So also siehst du aus!« Zart streichen die Hände über den kleinen Körper. Manchmal anfangs noch zaghaft, ehrfurchtsvoll. Große Augen mit weiten Pupillen blicken uns an und es scheint fast, als würde sich das Baby auch die Gedanken machen, die uns gerade durch den Kopf gehen. Es riecht an der Haut seiner Mutter, wie auch sie den Duft dieses Babys in sich aufnimmt. Ich erinnere mich noch heute so gern daran, wie ich meine Tochter nach der Geburt in den Armen hielt und diesen unglaublich köstlichen Geruch meines Kindes aufsog. »Sie riecht so gut!«, war einer meiner ersten Sätze.

Tatsächlich sind die ersten Stunden nach der Geburt eine ganz besondere Zeit, um sich kennenzulernen, um die in der Schwangerschaft begonnene Verbindung zu vertiefen und die ersten zarten Schritte in Bezug auf ihre weitere Ausprägung zu unternehmen.

Wo auch immer das Baby zur Welt gekommen ist, es sollte die erste Stunde in den Armen seiner Eltern erleben. Nun, unmittelbar nach der Geburt, ist es besonders aufnahmefähig für die Eindrücke der Menschen, die es lieben und umsorgen. Deswegen haben im Normalfall auch alle weiteren Untersuchungen erst einmal zu warten. Die Finger- und Zehenanzahl wird auch eine Stunde nach der Geburt die gleiche sein wie unmittelbar danach. Selbst wenn von Hebamme oder Ärztin Geburtsverletzungen versorgt werden müssen, kann das Baby in der Regel derweil auf dem nackten mütterlichen Oberkörper liegen. Gibt es gute Gründe dagegen, kann in diesen Minuten das zarte Band zwischen Vater und Kind gesponnen werden, und er übernimmt die intime Kuschelzeit.

Damit sich das Baby geborgen fühlt, benötigt es nach der Geburt möglichst die Rahmenbedingungen, die es auch bisher kannte: Es braucht Begrenzung, denn es ist jetzt in einem Raum, der zunächst keine vergleichbaren Grenzen hat wie die in der Gebärmutter. Hände, Füße und der gesamte Körper des Babys sind auf der Suche nach diesen Grenzen. Auch die Sinneseindrücke stürmen nun ungedämpft auf das Baby ein. Um sanft anzukommen, ist es angenehm, wenn es an einem warmen, nicht zu hellen Ort Kontakt aufnehmen kann. Es spricht nichts dagegen, auch im Krankenhaus das Licht zu dimmen und vielleicht einfach eine mitgebrachte Kerze anzuzünden.

In all dem Neuen, Unbekannten, tut dem Baby nun eines

besonders gut: das, was es kennt. In dieser ersten Stunde nach
der Geburt müssen sich auch die Mütter noch nicht waschen,
sondern können ganz entspannt ihr Baby an den verschwitzten
Körper nehmen: So riecht es den vertrauten Geruch, den es so
ähnlich aus dem Fruchtwasser kennt. Die Stimme, die es so viele Monate gedämpft wahrgenommen hat, beruhigt, wenn sie
mit sanften Tönen an das Ohr kommt. Für das Baby gilt, was
für alle Menschen gleichermaßen in Situationen bedeutsam
ist, in denen sie sich fremd und allein fühlen: Ein vertrauter
Mensch an der Seite, der beruhigt und liebevoll unterstützt, ist
eine große Hilfe. Diese Geborgenheit wirkt sich direkt auf das
Baby aus: Es wird ruhiger, kann besser atmen, der Herzrhyth-
mus reguliert sich. Zugleich ist es auch die denkbar einfachs-
te Art, ein Kind gut ankommen zu lassen. Denn schließlich
braucht es in diesen ersten Stunden nichts außer Körperkontakt mit den Eltern in ruhiger Atmosphäre.

Mütterliches Verlieben

Wie das Baby braucht auch die Mutter in diesen ersten Stunden nach der Geburt kaum etwas so sehr wie ihr Baby. Es
muss nicht gebadet sein, nicht in schöne Kleidung gehüllt. Einzig das Sehen, Spüren und Riechen dieses kleinen Menschen
ist alles, was notwendig ist. Trennungen vom Kind unmittelbar nach der Geburt werden von Müttern immer wieder als
traumatisch beschrieben. Auch nach einem Kaiserschnitt oder
anderen Eingriffen ist es daher von großer Bedeutung, dass
Mutter und Kind eng zusammen sein dürfen, um nicht nur
dem Kind Ruhe und Geborgenheit zu bieten, sondern auch
der Mutter. Hormonell ist sie nun ganz auf diese Zeit des Ver-
liebens eingestellt: Untersuchungen haben gezeigt, dass der
Oxytocinspiegel der Mutter direkt nach der Geburt höher ist
als vorher. Wie gesagt, dürfte er sogar der höchste ihres Lebens

sein. Das führt zur Ausstoßung der Plazenta, zur Minimierung des Blutverlusts, und es ist dem Aufbau der Bindung förderlich. Kann die Mutter nun ihr Baby ansehen, riechen und Körperkontakt aufnehmen, wird der Bindungsweg geebnet. Neben dem Anstieg des Oxytocins steigen auch das körpereigene Morphin und Prolaktin an. Auf diese Weise wird das erste Stillen möglich. Die Mutter nimmt den kleinen Menschen auf ihrer Haut mit allen Sinnen wahr, vergleicht sein Aussehen mit ihren Vorstellungen und findet Gemeinsamkeiten und Unterschiede zu Familienangehörigen. All das ist Teil eines tiefen Verbindungsaufbaus.

Hilfen für ein geborgenes Ankommen

Ein paar wesentliche Punkte sind wichtig und können in beinahe jeder Umgebung eingerichtet werden:

◇ Sanftes Licht, vielleicht mithilfe einer mitgebrachten Kerze.
◇ Körperkontakt mit Mutter und/oder Vater direkt nach der Geburt, zumindest die gesamte erste Stunde über. Haut an Haut, darüber ein dunkelrotes Handtuch zur Nachahmung der Farben in der Gebärmutter.
◇ Routineuntersuchungen können warten, ebenso eine Verlegung auf die Wochenbettstation.
◇ Mutter und Kind sollten sich mit allen Sinnen erkennen dürfen: Damit auch das Geruchsempfinden beteiligt ist, können die Mütter das »Frischmachen« nach der Geburt noch kurz verschieben.
◇ Wer nicht ambulant entbindet und daher nicht nach der Geburt nach Hause fährt, kann in einem Einzelzimmer oder Familienzimmer mehr Ruhe genießen als in einem Mehrbettzimmer.

◇ Lockere Oberteile für die erste Zeit bieten sich an: Der Hautkontakt ist für das Neugeborene das beste Mittel, um Sicherheit zu fühlen. Deswegen gehören weite T-Shirts, vielleicht die des Partners, ins Wochenbett. Unter dem Stoff kann das Baby eingekuschelt an Mamas Haut liegen und die Mutter kann dennoch ihre Intimsphäre im Krankenhaus wahren und durch einen weiten Ausschnitt zum Baby hineinsehen.

◇ Wenn nach der Geburt keine Zeit für intensives Kuscheln ist, solltest du deine Hebamme für das Wochenbett oder eine Mütterpflegerin bitten, eventuell Ersatzrituale zu initiieren.

Manchmal braucht Bindung mehr Zeit

Vielleicht sieht das Baby anders aus als erwartet, vielleicht waren die Stunden der Geburt sehr anstrengend, vielleicht war aufgrund von medizinischen Notfällen auch gar kein geborgenes Kuscheln direkt nach der Geburt möglich. Manchmal verlaufen die Dinge einfach nicht wie geplant – das wird im Elternleben noch oft vorkommen.

Wenn das eigene Gefühlsleben noch chaotisch ist, gibt es im besten Fall einen Partner oder anderen Helfer, der sich vorrangig um das Baby kümmern oder zumindest stark unterstützen und als Bindungspartner zur Verfügung stehen kann. Für das Baby ist es zunächst wichtig, dass es eine verlässliche Person gibt, die seinen Bedürfnissen nachkommt, es beschützt und pflegt. Es spricht nichts dagegen, etwas später in die Verliebtheitsphase mit der Mama einzutauchen, wenn es nach der Geburt nicht gleich möglich ist. Bei all dem Wert, der auf diese ersten Stunden nach der Geburt gelegt werden sollte, dürfen wir nicht vergessen, dass es manchmal eben anders nicht geht. Es ist besonders einfach, in dieser Zeit das zarte Band zu knüpfen, weil Baby und Mutter ganz darauf eingestellt sind, wenn die Geburt weitgehend unkompliziert war. Doch auch danach lässt sich Bindung wunderbar herstellen – dann eben auf anderen Wegen, mit anderen Ritualen und Kuschelmomenten. Es ist nicht so, dass nur diese ersten Stunden zählen und für immer das Leben beeinflussen. Sie können ein hilfreicher Baustein sein, sind aber nicht das Fundament der Bindungsfähigkeit.

Wenn schwere Stunden verarbeitet werden müssen

Manchmal hat die Geburt viel Kraft gekostet, und es scheint, als wäre mehr von ihr verbraucht worden, als zur Verfügung stand. Das Gefühl, machtlos gewesen zu sein und sich Situationen unterzuordnen, die man so nicht wollte, kann schwer verletzen. Jede siebte Geburt wird als traumatisch erlebt.[20] Das bedeutet, zumindest eine Frau aus dem Geburtsvorbereitungskurs hat ein traumatisches Geburtserlebnis zu verarbeiten. Doch Schuldgefühle der Eltern sind fehl am Platz: Jede Mutter, jeder Vater tut während der Geburt das Bestmögliche für das Kind. Es sind die Rahmenbedingungen, die Entscheidungen oder ein unachtsames Verhalten anderer, die dies dann dennoch vereiteln können. Doch auch diese Gedanken helfen manchmal nicht weiter. Auch wenn man letztlich glücklich ist, dass das Kind dank eines Eingriffs gesund geboren wurde, kann man um das trauern, was man sich anders gewünscht hatte. Manchmal können die schweren Gedanken und Erlebnisse eigenständig überwunden werden. Oftmals reicht die Kraft dafür aber gerade am Anfang dieser neuen Lebensphase nicht aus. Neben Gesprächen mit Partner und Freunden ist es daher wichtig, die belastenden Erfahrungen auch mit Menschen zu teilen, die ihre Schwere wirklich einschätzen und ge-

gebenenfalls weitere Hilfen in Betracht ziehen können. Erste Ansprechpartnerin ist daher immer die Hebamme. Sie kann beurteilen, welche weiteren Hilfen eventuell notwendig sind.

Heilende Hilfen nach einer schweren Geburt

- Darüber reden: Du trägst keine Schuld, aber dir ist etwas Schlimmes passiert. Sprich darüber mit anderen.
- Gespräche mit Fachpersonal – Hebamme, Gynäkologin, eventuell eine Therapeutin – bieten sich an.
- Angeleitete Rituale durch die Hebamme zum Nachholen des Bondings.
- Du kannst natürlich auch einen Brief an die Beschwerdestelle des Krankenhauses schreiben.
- Spezielle Traumatherapeutinnen können den Weg nach dem Trauma zurück ins Leben begleiten.
- Lass dich nicht von schweren Geburtserfahrungen anderer noch mehr traumatisieren, sondern schütze dich vor weiteren negativen Berichten.
- Hol dir Unterstützung für den Alltag: Mütter- oder Familienpflegerinnen können entlasten und Raum geben für die eigene Verarbeitung.
- Es ist möglich, eine Mutter-Kind-Kur zu beantragen.

Langsames Kennenlernen

Nicht nur nach anders geplanten Geburten benötigt das Kennenlernen Zeit. Viele Eltern beschreiben, dass sie eine Weile brauchten, um ihr Kind wirklich kennenzulernen. Schließlich hat man das Baby zwar so lange bei sich im Körper getragen, doch ist es nun auf der Welt, offenbart es nach und nach seine Persönlichkeit: Ist es eher aktiv und wach oder kommt es ruhiger an? Hat es Probleme mit der Gewöhnung an die Welt und weint viel oder eher nicht? Jedes Kind bringt schon ein eigenes Temperament mit sich, eine eigene Art. Geschwister können ganz unterschiedlich sein, selbst wenn sie sich optisch ähneln. Familien brauchen daher Zeit, um sich in Ruhe kennenzulernen. Liebe auf den ersten Blick, das gibt es auch bei Eltern und Kindern. Aber ebenso gibt es auch das Verlieben nach dem zweiten, dritten oder zehnten Blick. Man muss sich nicht sofort und unsterblich verlieben und sollte das auch nicht von sich selbst erwarten. Ein langsames Kennenlernen ermöglicht auch, die Besonderheiten des anderen im Blick zu haben und offen zu sein für die Signale des Babys.

Kennenlernen von Geschwisterkindern

Jedes Kind, das neu in eine Familie kommt, ändert die Situation, die Konstellation, ein wenig. Besonders groß ist die Umstellung für das älteste Kind, wenn es das erste Geschwisterchen bekommt. Von großer Bedeutung ist schon der erste Kontakt, das erste Kennenlernen des neuen Familienmitglieds. Hier sollten insbesondere die Bedürfnisse des nun großen Bruders oder der großen Schwester berücksichtigt werden: Hat es die Eltern eine Weile nicht gesehen, weil es bei der Geburt nicht dabei war, braucht es wahrscheinlich erst einmal die Nähe von ihnen. Eltern sollten deswegen – gerade bei Krankenhausgeburten, bei denen die Mütter nicht ambulant entbinden – einplanen, dass zunächst das Augenmerk auf das große Kind gelegt wird: Es wird in die Arme genommen, nach seinem Befinden gefragt, und man geht ganz auf es ein. Erst dann beginnt es, sein neues Geschwisterkind kennenzulernen. Es ist in Ordnung

und völlig normal, wenn es zunächst noch nicht viel damit an-
fangen kann. Neugeborene Babys sehen wir nicht oft und Kinder sind eher an den Anblick von weniger verschrumpelten
Babys gewöhnt. Vielleicht findet das große Kind das Baby erst
einmal nicht schön oder hat überhaupt kein großes Interesse
daran. Das ist in Ordnung. Es darf – genau wie alle anderen –
nach und nach eine Bindung aufbauen. Es kann sich in seinem
Tempo herantasten an diesen neuen, kleinen Menschen. Gerade das Berühren und der Körperkontakt in seinem Tempo
können die Verbindung mit der Zeit stärken. Also keine Angst
vor Streicheleinheiten durch kleine Kinderhände! Sie sind oft
besonders vorsichtig, liebevoll und voller Neugier.

Wenn weiterer Familienbesuch kommt, sollte mit diesem ab-
geklärt werden, dass der Fokus nicht immer ausschließlich auf
dem neuen Baby liegt, sondern auch ein kleines Geschenk für
das große Geschwisterkind mitgebracht wird und auch dieses
viel Aufmerksamkeit von Familie und Freunden erhält. Nicht
nur das Baby sollte von allen gehalten und liebkost werden. So
erfährt das Kind, dass es weiterhin ein wichtiger Teil der Familie ist, dass es neben dem kleinen »Neuen« geliebt und umsorgt
wird und nicht erst um Aufmerksamkeit bitten muss. Wenn
die Familie durch eine Mütterpflegerin, einen Familienpflege-
dienst oder helfende Freunde und die Familie gut unterstützt
ist, bleibt auch viel Zeit, um auf die speziellen Bedürfnisse des
älteren Kindes eingehen zu können. Diese Unterstützung ist
auch deswegen in der ersten Zeit für die ganze Familie wohltuend.

◇ ◇ ◇ ◇ ◇ ◇ ◇

*Das Kind verstehen – Signale erkennen
und bindungsorientiert beantworten*

Sich geborgen zu fühlen bedeutet vor allem eines: sich verstanden und angenommen zu fühlen. Wer einen anderen versteht, kann auch auf seine Bedürfnisse eingehen. Umgekehrt bedeutet dies: Wenn wir die Signale des anderen nicht deuten können, fällt es uns schwer, angemessen auf ihn zu reagieren. Wenn wir nicht wissen, ob der Mensch uns gegenüber traurig, einsam oder hungrig ist, können wir ihm kein passendes Angebot machen, damit es ihm besser geht. Wann immer wir daher über geborgenes Wachsen nachdenken, müssen wir uns die Frage stellen: Was denkt und fühlt mein Kind? Was treibt es gerade an? Vielleicht können oder wollen wir dieses Bedürfnis gerade nicht befriedigen – insbesondere, dann wenn die Kinder größer werden –, aber das Verständnis des anderen hilft uns immer auf unserem Weg und eröffnet Handlungsmöglichkeiten. Feinfühligkeit ist das wichtigste Merkmal einer bindungsorientierten Elternschaft.

Wir brauchen keine Babyflüsterer

Oftmals liest man, Babys seien in ihrem Ausdrucksvermögen eingeschränkt und könnten sich nur durch das Schreien verständigen. Tatsächlich aber drücken sich Babys einfach nur anders aus, als wir Erwachsenen es gewohnt sind, weshalb es oft einige Zeit braucht, bis Eltern und Kinder aus den unterschiedlichen Sprachen eine gemeinsame gemacht haben, über die sie sich verständigen können. Es ist ein Angleichen, besonders durch die Eltern an das Kind: Sind wir es bisher gewohnt, von unseren Mitmenschen über Sprache alles Wesentliche zu erfahren, müssen wir nun bei unserem Baby vor allem genau hinsehen und an Gestik und Mimik erkennen, welche Bedürfnisse es hat. Das Schreien des Babys ist oft erst ein recht spätes Anzeichen dafür, dass etwas in seiner Situation nicht passt. Sowohl bei Hunger, als auch bei einer vollen Windel oder anderen Bedürfnissen, ist das Schreien eine der letzten Möglichkeiten, sich effektiv mitzuteilen. Es kommt also darauf an, schon vor dem Schreien zu erkennen, was das Baby gerade beschäftigt.

Wenn wir es beobachten und wahrnehmen, steht an nächster Stelle die Beantwortung des Bedürfnisses. Wir müssen Babys nichts einreden, sie nicht von anderen Dingen überzeugen. Wir müssen einfach »nur« eine Antwort auf die Frage geben, die sie gestellt haben. Eltern müssen daher keine Babyflüsterer sein, denn dieses Wort geht genau an dem vorbei, was wir eigentlich meinen und was Babys sich wünschen. Eltern müssen Babyversteher werden – nach und nach. Und dieses Wissen um das Verstehen und Annehmen des Kindes trägt sich hinein in die Kindheit und Jugend und wird die Basis des Umgangs miteinander.

Auf die Nähe kommt es an

Wenn wir wissen wollen, was ein Baby benötigt – gerade am Anfang –, können wir uns zunächst fragen, wo es herkommt und welche Bedürfnisse es deswegen hat. Wir haben es monatelang in unserem Körper getragen, es behütet und beschützt. Darin ist es in relativer Dunkelheit gewachsen, gut abgeschirmt von Reizen und vor allem zu jedem Zeitpunkt mit dem versorgt, was es brauchte: Nahrung hat es über die Nabelschnur erhalten, es war gewärmt, umhüllt und geschützt, bekam liebevolle Streicheleinheiten. Wenn es nun in der Welt ist, in der alles so anders und neu ist, wünscht es sich all diese Dinge zurück. »Gebärmutterheimweh« nennen es die Hebammen manchmal. Die meisten Bedürfnisse, die es hat, gehen auf das zurück, was es kannte.

Dies ist vor allem Nähe. Es braucht uns, unsere Nähe, unseren Schutz und unsere Pflege. Es wünscht sich ganz nah an uns heran, damit wir es liebevoll umhüllen, so wie es bisher umhüllt wurde. Es braucht Begleitung auf den noch neuen Wegen, es braucht Hilfe und vor allem unser Verständnis dafür, dass es das Leben in der Welt als so anders und anstrengend empfindet. Das Beste, was wir unserem Kind deswegen immer anbieten können, ist unsere Nähe. Wir müssen und sollten es nicht auf Abstand halten, es nicht zu weit von unserem für ihn Sicherheit bedeutenden Körper entfernen. Es wünscht sich, uns zu riechen, zu spüren, zu fühlen. Viele Baby- und Kinderbedürfnisse lassen sich mit einer Sache befriedigen: unserer Anwesenheit und all dem, was sie mitbringt.

Am Anfang: Wie geht es meinem Baby gerade?

So unterschiedlich Babys auch sind, so sehr sie ihr eigenes Temperament in dieses Leben mitbringen, gibt es auch viele Dinge, die bei allen Kinder annähernd gleich sind: innere Baupläne, Entwicklungsabläufe und eben auch die Art der Bewusstseinszustände, die sie über den Tag einnehmen. Untersuchungen haben gezeigt, dass es sechs Bewusstseinszustände bei Babys zu unterscheiden gibt: zwei Schlafzustände (ruhig und aktiv), drei Wachzustände (ruhig, aktiv und schläfrig) und das Schreien.[21] Um auf die Bedürfnisse des Babys reagieren zu können, ist es deswegen – gerade am Anfang – wichtig, sich eines zu nehmen: Zeit zum Beobachten. Wir lernen eine neue Sprache –

eben durch Beobachtung und aktives Zuhören. Das Wochenbett ist für diese Zeit besonders praktisch: Eltern können sich
neben ihr Baby legen und es betrachten. Durch diese regelmäßigen Beobachtungszeiten fällt es ihnen mit der Zeit immer
leichter, die Signale des Babys zu deuten und dann angemessen darauf zu reagieren.

Diese Übung trägt sich fort über die gesamte Elternschaft:
Wann immer es uns schwerfällt, unser Kind zu verstehen, sollten wir es zunächst einfach nur beobachten. Im Laufe der Zeit
ändert sich die Ausdrucksweise des Kindes, die nonverbalen
Signale werden komplexer. Wenn wir aber von Anfang an einen Blick für die unausgesprochenen Mitteilungen haben, fällt
es uns leichter, unsere Kinder auf ihrem Weg zu begleiten.

◇ ◇ ◇ ◇ ◇ ◇ ◇

Beobachtungsaufgaben für den Anfang

Um das Baby kennen und verstehen zu lernen, ist eines entscheidend: beobachten. Es ist sogar eine der wichtigsten Aufgaben der Elternschaft und bringt oft mehr Erkenntnis und
Hilfe als bloßes Handeln. Es ist gut, das Beobachten von Anfang an in den Alltag einzubinden und so ein tieferes Verständnis für sein Kind zu bekommen. Denn auch später, wenn
die Kinder schon sprechen können, teilen sie uns viel mehr
über ihren Ausdruck mit. Spätestens bei Teenagern kann das
Beobachten zu einem ganz besonders wertvollem Gut werden, wenn sich die gemeinsame Sprache kurzzeitig vonei-
nander entfernt. Nehmen wir uns daher jeden Tag einige Minuten Zeit, um unser Kind einfach nur zu beobachten. Wer
mag, kann die Erfahrungen damit auch in einem kleinen Heft
notieren – eine schöne Erinnerung für später. Der Fokus kann
auf Fragen wie diesen liegen:

◇ In welchem der sechs Bewusstseinszustände befindet sich
  das Baby gerade?

◇ Woran erkenne ich den Bewusstseinszustand? Was tut es
  gerade?

◇ Ist es gerade wach und interessiert? Mit welchen Dingen
  beschäftigt es sich? Wohin blickt es? Welche Laute gibt es
  von sich? Sind sie laut oder leise?

◇ Wie kann ich mein Kind in diesem Moment gut unterstützen?
  Soll ich es allein spielen lassen, wünscht es Interaktion oder
  hat es ein Bedürfnis, bei dem ich ihm helfen kann?

Im ruhigen Wachzustand sind die glänzenden Babyaugen weit
geöffnet und blicken fast konzentriert. Das Baby nimmt die
Umgebung in sich auf, beobachtet und ist offen für Interaktion. Nun ist der Zeitpunkt für ein Spiel oder ein gemeinsames,
ruhiges Gespräch. Das Baby ahmt die Mimik des Gegenübers
nach und ist ganz eingebunden in dieses Miteinander. Es sind
wunderbare erste Momente, die Eltern verzücken und die Bindung durch die Gefühle, die dabei entstehen, unterstützen. Der
Blick in die weit geöffneten, beobachtenden Babyaugen ist für
viele Eltern eine bleibende, warme Erinnerung.

Im aktiven Wachzustand bewegt sich das Baby mehr, schaut
sich um, ist an Dingen interessiert und gibt Geräusche von sich.
Es erkundet auf seine Weise die Welt und ist diesen Dingen gegenüber aufgeschlossener als im ruhigen Wachzustand. Es ist
unruhiger und neugieriger oder auch kurz davor, ein Bedürfnis wie Hunger oder Ausscheidung anzukündigen.

Kurz vor dem Einschlafen oder Aufwachen ist das Baby im
Zustand der Schläfrigkeit: Es blickt ohne Fokus wie durch etwas
hindurch, die Augenlider sind schwer. Es ist ein Übergangszu-
stand, in dem es in Ruhe in den Schlaf oder die Wachphase

übergehen können sollte. Störungen sind nun nicht willkommen und können das ruhige Einschlafen hinauszögern, wodurch das Baby überreizt wird. Anders als bei uns Erwachsenen dauert das Einschlafen eine ganze Weile: Die Atmung wird tiefer und regelmäßiger, das Herz schlägt langsamer und der Blutdruck sinkt. Die Körperspannung nimmt ab und schließlich fallen die Augen zu. Bis zu 20 Minuten können vergehen, bis sich das Kind im ruhigen Schlafzustand befindet.[22]

Im richtigen Schlaf werden dann zwei Zustände unterschieden: der ruhige und der aktive Schlaf. Im ruhigen Schlafzustand ist das Baby vollkommen entspannt, atmet tief und ruhig und hat diesen gelösten, entspannten Gesichtsausdruck, den wir so gern auf Bildern einfangen. Engelsgleich liegt es vor uns und manches Mal legen ihm die Eltern die Hand auf die Brust, um wirklich sicher zu sein, dass es atmet. Ein kurzes Seufzen während dieser Schlafphase kommt oft vor.

Im aktiven Schlaf ist das Kind unruhiger, die Augen bewegen sich unter den geschlossenen Lidern ebenso wie sich auch der Körper bewegt. In dieser Phase rutschen die Babys gern an die Bezugspersonen im Bett heran – selbst wenn sie noch nicht krabbeln oder rollen können. Sie suchen im Schlaf die Nähe ihrer Bindungsperson. Manchmal wird gelächelt, manchmal die Stirn gerunzelt oder auch kurz aufgeschrien. Oft beruhigen sich die Babys aber in dieser Phase von selbst wieder, weshalb es nicht notwendig ist, sie sofort hoch zu nehmen und damit wirklich aufzuwecken. Wachen sie allerdings tatsächlich auf, brauchen sie nun Nähe und Beruhigung.

Das Schreien ist der sechste Bewusstseinszustand in dieser Liste: Es zeigt sich als letzte Möglichkeit des Babys, auf ein Bedürfnis aufmerksam zu machen. Babys schreien niemals grundlos, niemals um ihre Bezugspersonen zu ärgern. Es ist anfangs noch schwer, die wirklichen Bedürfnisse, die hinter dem Schreien stehen, zu verstehen: Hunger oder Durst,

Müdigkeit, Überreizung, Ausscheidungsbedürfnisse oder eine volle Windel, Nähebedürfnis … Nach und nach lernen Eltern, die Unterschiede im Schreien zu erkennen. Dies umso mehr, als sie vorher vielleicht feine Signale des Babys wahrgenommen haben: Dreht es den Kopf suchend umher oder nuckelt an der Faust, ist es wahrscheinlich ein Hungerzeichen. War es im aktiven Wachzustand und hat nun Schwierigkeiten, in den Schlaf zu finden? Dann möchte es Ruhe und Nähe.

Zuhören von Anfang an

Neben dem Beobachten ist das Zuhören einer der wichtigsten Kommunikationspunkte für Eltern, um angemessen auf die kindlichen Bedürfnisse eingehen zu können. Zuhören bedeutet in erster Linie: aussprechen lassen. Auch Babys dürfen ihre Lallphasen in Ruhe zu Ende bringen, bevor wir sie imitieren, um sie zum Weiterbrabbeln zu animieren. Sie erleben sich auf diese Weise als aktive Gesprächspartner ihrer Bezugspersonen.[23] Wir zeigen ihnen damit: Ich nehme dich wahr, ich achte auf dich. Babys können unglaubliche Freude dabei entwickeln, vor sich hin zu brabbeln und dabei immer neue Buchstabenfolgen, Töne und auch Spuckeblasen zu produzieren.

Eltern bringt das aktive Zuhören eine gute Übung für die Zeit, wenn die Kinder größer werden: Nur allzu oft werden sie in den nächsten Jahren schon vorher wissen, was das Kind sagen möchte. Sie wissen es durch den Gesichtsausdruck, durch Gesten, die die wenigen Worte untermalen. Doch selbst wenn wir schon vorher wissen, was das Kind uns sagen möchte, sollten wir nicht sofort antworten. Wir sollten diese magischen Momente, den Stolz des Kindes über die sorgsam zurechtgelegten und über die Lippen gebrachten Worte, nicht mindern, indem wir ihnen das Wort abschneiden. Wir warten ab und lassen uns vielleicht überraschen. Auf jeden Fall wertschätzen wir die Ausdrucksmöglichkeiten unseres Kindes. Genauso wie wir Erwachsenen uns ja auch wünschen, aussprechen zu dürfen.

Geborgenheit über Sprache vermitteln

Um den ersten Geburtstag herum wird die Kommunikation durch die ersten Wörter bereichert: auf Seiten des Kindes erst die Einwortsätze, oft im Zeitrahmen zwischen 10 und 18 Monaten, dann Zweiwortsätze zwischen 18 und 24 Monaten und anschließend nach und nach komplexere Äußerungen.[24] So wie das Kind zunehmend mehr Wörter produziert, gerät auch die Sprache der Eltern immer mehr in den Fokus. Denn schließlich versteht das Kind bereits einzelne Wörter, noch bevor es selbst welche produziert. Wie wir mit unseren Kindern sprechen, ist also von großer Bedeutung – sowohl für den Wortschatz des Kindes als auch für die Art, wie unser Kind mit uns redet. Signale bindungsorientiert zu beantworten bedeutet deswegen auch, sich auf die Sprache zu besinnen, die wir verwenden. Worte sind nicht nur zur Benennung da, sondern drücken immer auch etwas von der Beziehung aus, die wir zum Gegenüber haben. Geborgenheit vermittelt sich auch über Sprache.

Gerade wenn Kinder mobiler werden und die Umgebung um sich herum erkunden, wird das »Nein« oft ein allgegenwärtiger Begleiter. Tatsächlich benutzen es viele Eltern öfter als notwendig, und dazu in wenig interaktiven Einwortsätzen. Wenn wir hingegen jedem »Nein« auch eine Begründung mitgeben, können wir uns selbst dabei unterstützen, herauszufinden, ob dieses »Nein« auch wirklich notwendig ist. Vielleicht merken wir manchmal an unseren Begründungen, dass ein Nein gar nicht sein muss oder dass es schon längst überholt ist, das Kind in einer anderen Entwicklungsphase und dieses Hindernis unnötig geworden ist. Für das Kind ist ein begründetes Verbot immer wertvoller, um sich ein Bild von der Welt zu machen, als eine sture Aussage eines Erwachsenen.

Bindungsorientiert mit Kindern sprechen

◇ Frag dich mal: Wie oft verwende ich am Tag eigentlich das Wort »Nein«? Ist es immer notwendig oder kann ich vielleicht an der Umgebung etwas verändern, sodass ich weniger Nein sagen muss?

◇ Einwortsätze sollten von Anfang an vermieden werden. Kinder haben die Fähigkeit, sich auch aus längeren Äußerungen die relevanten Punkte herauszufiltern und darauf zu reagieren. Mehrwortsätze regen die Sprachentwicklung an und lassen mehr Raum für den Ausdruck von Gefühlen und eine Antwort des Kindes.

◇ Die Dinge richtig benennen: Erwachsene benutzen im Umgang mit kleinen Kindern automatisch eine höhere Stimme und eine andere Satzmelodie, sodass das Kind Interesse an der Kommunikation bekommt. Was jedoch nicht notwendig ist, ist die Verwendung von speziellen Kinderwörtern. »Bubu machen«, »ei machen« und Ähnliches sind unnötige Wortschöpfungen. Kinder können von Anfang an mit unserem gewöhnlichen Wortschatz angesprochen werden.

◇ Nah am Kind sprechen: Wir alle kennen Situationen, in denen wir mal schnell durch die Wohnung rufen, damit jemand noch etwas holt, erledigt oder eben nicht tut. Doch Kommunikation mit Kindern sollte möglichst nicht quer durch den Raum, sondern aus der Nähe erfolgen. So können Kinder die gebildeten Wörter am Mund sehen und erhalten weitere Informationen durch Gestik und Mimik. Besonders gut ist es, sich auf die Höhe des Kindes zu begeben und dort mit ihm zu sprechen.

◇ Konkrete Vorschläge sind oft zielführender als offene Fragen: »Was möchtest du heute essen?« »Pommes!« »Nein, das geht nicht, was anderes …«. Solche Fragen führen immer wieder zu Konflikten. Besser ist es, konkrete Auswahlmöglichkeiten zu benennen: »Möchtest du heute Reis oder Kartoffeln essen?«. Kinder wollen beteiligt sein. Gerade Sprache bietet den Raum, dies zuzulassen: Wir können auch kleinen Kindern die Wahl lassen zwischen zwei Dingen, die wir ihnen vorschlagen. Oft verhindert dies größere Auseinandersetzungen.

◇ In der Muttersprache sprechen: Schon lange ist bekannt, dass Kinder, die in gemischtsprachigen Familien aufwachsen, von den Bindungspersonen am besten in ihrer jeweiligen Muttersprache angesprochen werden sollten. Unter anderem deswegen, weil Gefühle und Stimmungen in der Muttersprache meist besser kommuniziert werden können als in einer Fremdsprache. Familien sollten daher nicht einfordern, dass sich einzelne Familienmitglieder sprachlich anpassen, sondern die Vielfalt und Liebe im Ausdruck genießen.

Wenn das Kind anderer Meinung ist

Eltern und Kinder sind nicht immer einer Meinung. Das müssen sie auch nicht sein – nicht einmal im Hinblick auf eine sichere Bindung. Im Gegenteil: Eine sichere Bindung ermöglicht es, seine eigenen Bedürfnisse zu kommunizieren und sie einzufordern. Es ist immer wieder ein Prozess des Aushandelns zwischen Eltern und Kindern. Wenn Kinder eine andere Vorstellung davon haben, wie Situationen ablaufen sollen, dann hilft auch hier wieder der kurze Moment des Zurücktretens und Nachdenkens: Was genau will das Kind? Kann ich ihm gerade entgegenkommen und ihm vielleicht ermöglichen, dass es sich selbst anzieht, eine eigene Einkaufstüte trägt … oder geht es nicht? Wenn ich seinen Bedürfnissen nicht nachkommen kann, geht es an einem anderen Tag, diese Bedürfnisse besser einzubinden? Und wenn es einfach gar nicht geht, dann geht es nicht und es bleibt nur übrig, es dem Kind zu erklären, auch wenn es weiterhin eine andere Meinung hat und haben darf.

Kinder dürfen enttäuscht sein, wenn ihre Pläne nicht umsetzbar sind. Bindungsorientiert zu handeln bedeutet nicht, allen Bedürfnissen immer nachzugeben. Es bedeutet, dort einzulenken, wo man als Erwachsener selbst sieht, dass man es eigentlich auch anders machen könnte. Manchmal ist das gut möglich, manchmal gar nicht.

Was wir in diesen Situationen jedoch immer tun sollten, ist, für einen kurzen Augenblick die Perspektive des Kindes einzunehmen: Unser Kind hat gerade ein großes Bedürfnis. Vielleicht ist es noch nicht fähig, sich in uns oder einen anderen Menschen hineinzuversetzen. Es weiß nicht, dass das andere Kind gerade auch diese Schaufel haben möchte, und es versteht nicht, warum wir pünktlich bei der Arbeit sein müssen. So sehr wir auch unsere Wörter dafür benutzen können, das Kind wird es vielleicht nicht verstehen können. *Theory of mind* nennt man die Fähigkeit, sich in andere hineinzuversetzen. Sie entsteht nach und nach ab etwa drei Jahren. Ehe diese Fähigkeit nicht ausgebildet ist, ist es für das Kind nicht möglich, unsere Gedanken nachzuvollziehen: Das Baby versteht nicht, dass wir von seinem Schreien oder der durchwachten Nacht erschöpft sind, sondern will sein eigenes Bedürfnis befriedigt bekommen. Das Kleinkind versteht unseren Zorn darüber, dass es nicht weiterlaufen möchte, ebenso wenig, sondern ist einfach erschöpft und möchte getragen werden. Führen wir uns dies in schwierigen Situationen immer wieder vor Augen, hilft es uns auch beim Umgang mit der Situation: Unsere Kinder wollen uns nicht verärgern, sie tun nichts mit böser Absicht. Ihr Bedürfnis ist einfach ein anderes als unseres und es liegt in unseren erwachsenen Händen, damit angemessen umzugehen.

Bindungsorientiert mit Konfliktsituationen umgehen

◇ Tritt zuallererst innerlich einen Schritt zurück und frag dich: Was ist das wirkliche Problem meines Kindes?

◇ Such dann Handlungsmöglichkeiten: Kann ich auf die Bedürfnisse des Kindes eingehen und seine Wünsche berücksichtigen oder geht es gerade nicht? Kann ich künftig die Situation vermeiden, indem ich im Voraus etwas ändere (mehr Zeit, andere Auswahlmöglichkeiten …)?

◇ Wenn du die Bedürfnisse des Kindes nicht berücksichtigen kannst, dann erklär ihm, warum es nicht geht. Und respektiere, dass das Kind trotzdem seinen Wunsch hat und traurig oder sauer ist.

◇ Handle möglichst ohne Unsicherheit: Wir können unserem Kind sagen, dass wir verstehen, dass es gerade einen anderen Wunsch hat, wir diesem aber nicht nachkommen können und nun anders handeln. Und dann handeln wir auch wirklich so, zögern nicht und warten nicht ewig ab, ob sich das Kind doch anders entscheidet.

*Bindung findet
im Alltag statt*

»Im Wochenbett sollten Mütter von ihren Kindern nur so weit entfernt sein, wie die Nabelschnur lang war«, sagte mir meine Hebamme einmal. Wenn wir vom Abnabeln sprechen, dann meinen wir damit nicht nur die Trennung der körperlichen Verbindung zwischen Mutter und Kind nach der Geburt, sondern umgangssprachlich auch das allmähliche Abrücken von einer Verbindung, die weit über diese körperliche Verbindung hinausreicht. Oft genug wird von Eltern gefordert, sie sollten mehr loslassen, weniger verbunden sein. Doch im besten Fall haben Eltern eine Beziehung zu ihren Kindern, die über Raum und Zeit hinweg bestehen bleibt und sie ihr ganzes Leben zusammenhält: die sichere Bindung.

Bindungsorientierte Elternschaft ist daher nicht auf ein Zeitfenster beschränkt und erstreckt sich nicht nur auf das erste Lebensjahr: Es ist unsere innere Haltung, mit der wir unser Kind durch das Leben begleiten, vom Anfang bis zum Ende. Sie drückt sich auch nicht nur dadurch aus, dass wir für ganz bestimmte Situationen ein vorgefertigtes Verhalten aus dem Bindungs-Notfallkästchen zaubern. Sie ist vielmehr eine innere Einstellung, die wir tagtäglich im Umgang mit unseren Kindern zeigen. Darin, wie wir Alltagssituationen meistern und dabei versuchen, unsere Kinder zu verstehen: wenn sie nachts weinen ebenso wie wenn sie am Morgen darauf bestehen, sich die Jacke selbst zuzuknöpfen, oder in der Küche versuchen, Dosen aufeinander zu stapeln.

Es gibt keine direkte Anleitung für bindungsorientiertes Leben, keine Patentrezepte, die immer und sofort bei jedem Kind helfen. Es gibt nur die immer wieder bestehende Aufgabe, feinfühlig zu sein, Empathie zu zeigen und versuchen zu verstehen, was das Kind warum möchte. Verständnis und Feinfühligkeit sind die Grundlagen der Erziehung – auch wenn wir den Bedürfnissen nicht immer nachkommen können. Wie wir im Alltag auf die Bedürfnisse des Kindes reagieren, ob wir Brei geben oder Fingerfood, ob wir tragen oder schieben, ist nur die Ausgestaltung des Rahmens der Wahrnehmung von Bedürfnissen. Denn das, was für uns der Alltag ist – einige Jahre mit kleinen Kindern in unserem gesamten Leben –, ist für unsere Kinder ihre Kindheit, die sie für ihr Leben prägt.

Dass Schlafen beziehungsweise die Art der Gestaltung der Schlafsituation etwas mit Bindung zu tun hat, ist heute an vielen Stellen nachzulesen. Zahlreiche Bücher und Artikel klären darüber auf, dass sich das (nächtliche) Schreienlassen des Babys unter anderem negativ auf die Bindung und das Urvertrauen auswirkt und Kinder am besten im Nahbereich der Eltern schlafen. Doch auch die Art, wie wir mit den Themen Ernährung oder Körperpflege umgehen, hat einen Einfluss auf die Beziehung zwischen Bindungsperson und Kind. Bindung findet im Alltag statt, in den kleinen Momenten. Sie ist der Ausdruck unseres allgemeinen Umgangs mit dem Kind und spiegelt sich gerade in den Alltagsroutinen wider.

Besondere Bedeutung haben diese Routinen auch dann, wenn unsere Kinder neue Bindungspersonen in einer Betreuung außerhalb der Familie finden. Geborgenheit ist ein Gefühl, dass unsere Kinder in jedem Moment mit uns verbinden und dies gerade auch in solchen, die ihren Alltag so entscheidend prägen. Auf den nächsten Seiten wird deswegen der bindungsorientierte Umgang in einigen ausgewählten Alltagssituationen näher aufgezeigt: Welche Gedanken, welche Einstellung sollten wir in Bezug auf Routinen einnehmen und wie können wir sie bindungsorientiert gestalten, fernab von Dogma und Zwang?

Der Anfang mag wichtig sein und kann eine solide Basis bilden, ist aber kein unumstößlicher Sockel, der durch späteres Verhalten nicht mehr beeinflusst werden kann. So, wie wir auch in späteren Jahren nach einem ungünstigen Start einiges wieder ausbessern können, können wir auf der anderen Seite durch spätere Unachtsamkeit die sorgfältig vorbereitete Geborgenheit ins Wanken bringen. Denn gerade nach dem ersten Jahr werden Eltern vor große Herausforderungen gestellt, und die Berücksichtigung kindlicher Bedürfnisse und das Einfühlen in das Kind können schwerer sein als in der ersten Babyzeit. Der Alltag fordert von uns daher immer – egal wie alt unsere Kinder sind – Achtsamkeit uns selbst gegenüber und gegenüber unseren Kindern. Mit einer liebevollen, aufmerksamen und feinfühligen Grundhaltung können wir die Alltagsroutinen meistern und den Kindern zu jeder Zeit ein Gefühl der Berücksichtigung vermitteln. Mit dem ersten Lebensjahr können wir beginnen, aber Schlafen, Nahrung und Körperpflege als Alltagssituationen werden uns unser ganzes Elternleben lang begleiten.

Geborgen Schlafen

Der Schlaf ist eines der wohl wichtigsten Themen in den ersten Jahren der Elternschaft. Erste Jahre, das bedeutet, dass die Entwicklung des Schlafverhaltens bei den meisten Kindern eben nicht mit sechs Monaten abgeschlossen ist und auch nicht mit Erreichen des ersten Geburtstags. Das Schlafverhalten entwickelt sich über einen langen Zeitraum und wird von vielen Dingen beeinflusst. Zunächst muss sich das Kind an den Tag-Nacht-Rhythmus gewöhnen, später können die durchbrechenden Zähne oder andere große Entwicklungsschritte das Schlafverhalten beeinflussen. Auch der Alltag und die Erfahrungen

darin spiegeln sich im Schlaf wider. Hat das Kind einen eigenen Rhythmus und die sichere Fortbewegung auf zwei Beinen erreicht, kommen neue nächtliche Einflüsse wie vielleicht
Angst oder der Nachtschreck auf den Plan. Möglicherweise haben wir ein Kind, das von Anfang an recht gleichmäßig
schläft und längere zusammenhängende Schlafphasen hat –
vielleicht aber auch nicht. Natürlich gibt es eine genetische
Veranlagung im Hinblick auf das Schlafverhalten und auch
das individuelle Temperament des Kindes hat seinen Einfluss.
Wie auch immer aber die Grundbedingungen sind, es gibt immer durch uns bestimmbare Faktoren, die die Entwicklung
des Schlafverhaltens positiv beeinflussen können, und solche,
die sich eher ungünstig auswirken – sowohl auf den Schlaf,
als auch auf die Beziehung. Denn das Schlafen und die gute
Begleitung in den für Kinder manchmal schwierigen Zustand
des Schlafes sind von großer Bedeutung für die Entwicklung
der Beziehung.

Einschlafen – das kennen wir alle – kann manchmal problematisch sein: Wenn wir wach im Bett liegen und unsere Gedanken noch kreisen, wenn wir feststellen, dass wir noch gar
nicht müde sind, oder wenn uns plötzlich etwas einfällt, was
wir noch dringend tun wollten, oder wenn wir uns einfach
einsam fühlen – all das gibt es auch bei Kindern. Und auch
wir Erwachsenen schrecken manchmal aus einem verstörenden Traum auf und sind glücklich, uns an einen anderen Menschen schmiegen zu können, der uns die Gewissheit gibt: Alles
ist in Ordnung, du hast nur schlecht geträumt.

Wenn wir das Schlafverhalten unseres Kindes verstehen
wollen, hilft uns keine Tabelle mit Durchschnittswerten, keine
Altersangabe und kein Programm. Kinder sind unterschiedlich. Das Wissen darum, was genau im Gehirn unseres Kindes
passiert und welche Hormone das Schlafverhalten beeinflussen, kann manchmal hilfreich sein. Oft genug bringen uns diese

Gedanken aber weg von dem, worum es eigentlich geht: Empathie. Wir müssen unsere Babys und Kinder verstehen und uns
in sie hineinversetzen, bevor wir versuchen sollten, das Verhalten zu rationalisieren. Kein Psychologie-, Pädagogik- oder
Medizinstudium wird uns helfen, unsere Kinder durchschlafen
zu lassen, wenn wir nicht einfach das tun, was unsere Kinder
von uns erwarten: dass wir sie annehmen und verstehen. Und
auf dieser Basis unsere Entscheidungen treffen.

Wie immer müssen wir unser Kind beobachten und schauen,
was es braucht. Sehr oft führt diese Frage bei Babys und kleinen Kindern zu einer Antwort: Kinder brauchen Nähe. Sie können dann gut schlafen, wenn sie sich sicher fühlen, da sie sich
selbst noch nicht vor möglichen Gefahren schützen können.
Sie können nicht wegrennen, sie können sich nicht zur Wehr
setzen. Evolutionär hat sich daher das Verhalten des Kindes
durchgesetzt, im Schlaf nicht allein gelassen werden zu wollen. Aus der Hirnforschung wissen wir, dass dieses Sicherheits-
verhalten im Hypothalamus angesiedelt ist und das Schlafen
erst bei einem wirklichen Gefühl von Sicherheit möglich ist.
In vielen Kulturen wird diesem Bedürfnis nachgegeben. Wir
in unserer westlichen Industriegesellschaft denken, dass wir
die Sicherheit unserer Kinder durchaus bereits auf vielfältige
Art gewährleisten: Schlafmatten überwachen Herzschlag und
Atmung, Babyphones zeigen uns Geräusche, sichere Wohnungen schützen vor wilden Tieren. Nur wissen all dies die Menschen nicht, auf die es bei dieser Sache wirklich ankommt: die
Babys und Kinder. So sehr wir unsere Wohnungen mit Tech-
nik und Fortschritt ausstatten: Babys und Kinder verstehen davon nichts und wünschen sich ihr ureigenes Gefühl von Sicherheit, das eben nur eine anwesende Bindungsperson vermitteln
kann. Auf dem Weg zum geborgenen Schlafen ist dies daher
die wichtigste Voraussetzung: Babys und Kleinkinder wollen
in der Nähe der Eltern schlafen und fühlen sich genau dort si-

cher. Ob sie nun direkt im Familienbett schlafen, im Beistellbett daneben oder im kleinen angrenzenden Bettchen, ist jeder
Familie selbst überlassen.

Die richtige Einstellung zum Schlafen vermitteln

Neben der Berücksichtigung der kindlichen Bedürfnisse gibt
es einen weiteren besonders wichtigen Faktor, den nur die Eltern beeinflussen können, den es nicht zu kaufen gibt und der
für das geborgene Schlafen unersetzbar ist: die Grundhaltung
zum Schlaf, die wir unseren Kindern vermitteln.

Schlafen ist eine Ruhezeit für uns: Unser Körper und unser
Verstand haben die Möglichkeit, sich zu erholen. Nach einem
anstrengenden Tag tut es gut, sich in ein bequemes Bett zu legen, es sich gemütlich zu machen und zur Ruhe zu kommen.
Es ist eine besondere Zeit für uns Erwachsene und besonders
für uns als Eltern ist es ein wenig Wellness, diese Zeit zu genießen: Es tut gut, Zeit zum Entspannen zu haben. Gerade in
den ersten Wochen nach der Geburt ist der Schlaf für Mütter
eine besonders wichtige Qualität und obwohl sie versucht sind,
sich in den Schlafphasen der Kindes um andere Dinge zu kümmern, sollten junge Mütter in dieser Zeit nichts anderes tun als
sich neben das Kind zu legen und den eigenen Körper, der gerade so viel leistet und geleistet hat, zur Ruhe kommen zu lassen. Das fällt gerade am Anfang sehr schwer. Es hilft aber, diese
Zeit wirklich als besondere Mama-Wellness-Zeit zu betrachten und es sich für diese kleine Pause wirklich angenehm zu
machen. Wem das Einschlafen schwerfällt, der kann sich eine
sanfte Musik anmachen, die ihn zur Ruhe kommen lässt, oder
vielleicht auch in einem schönen Buch lesen. Natürlich gibt es
keinen Zwang zum Schlafen neben dem Baby und wer nicht
einschlafen kann, der sollte es sich einfach nur gemütlich machen und sich ausruhen.

Genau das ist es auch, was wir unseren Kindern vermitteln können: Schlaf ist eine wunderschöne Phase im Alltag. Schlaf hilft uns und unserem Körper: Er entspannt und sorgt dafür, dass es uns gut geht. Schlaf ist ein Teil unseres natürlichen Lebensrhythmus. Er gehört zum Leben, zu jedem Tag dazu. Gleichzeitig gibt es aber keinen Zwang zum Schlafen. Schlaf ist nichts – und das wissen wir Erwachsenen nur zu gut aus eigenen Erfahrungen –, was man willentlich herbeiführen kann. Wer nicht müde ist, wer noch viele Gedanken im Kopf hat oder vom Tag überreizt ist, kann nicht schnell und gut einschlafen.

Deswegen ist es vollkommen falsch, dass Eltern von Anfang an negativ an das Thema »Schlaf« herangeführt werden: In den Medien wird immer wieder betont, wie schwierig es sei, Kinder in den Schlaf zu begleiten. Schon bevor das Kind da ist, hören wir die Wünsche anderer, dass das Kind hoffentlich ein guter Schläfer werden soll. Schlaf und Kind, das ist etwas, was Eltern erst einmal negativ vermittelt wird. Diese Haltung überträgt sich auf Mutter und Vater und kann so von Anfang an zu Problemen in der Schlafsituation führen. Genau anders herum wäre es hingegen richtig: Babys und Kinder wollen wie alle Menschen schlafen und auch sie können diese Zeit genießen, wenn wir sie ihnen von Anfang an als etwas Wohltuendes vorstellen.

Es ist ein defizitärer Gedanke, davon auszugehen, dass Babys oder Kinder schlafen lernen müssten. Babys und Kinder können schlafen, von Anfang an. Sie schlafen bereits im Mutterleib. Nach der Geburt passen sie nach und nach ihren Schlafrhythmus dem unseren an, aber Schlafen ist eine der Fähigkeiten, die Kinder bereits mitbringen.

Noch ein weiterer Faktor kann die Haltung – insbesondere zum nächtlichen Schlaf – ungünstig beeinflussen: Nach einem anstrengenden Tag setzen Eltern oft alle Hoffnung auf den Abend. Nun wird das Kind hingelegt und endlich haben sie Zeit für sich. Für all das, was sie den ganzen Tag über nicht für sich tun konnten … Eine angespannte Situation entsteht. Oftmals spüren Kinder die Anspannung der Eltern: Je länger sich das Einschlafen hinauszögert, desto angespannter werden die Eltern. Kinder spüren das auch körperlich, wenn sich die Atmung der Eltern verändert, der Körper angespannt ist. So entsteht ein Teufelskreis der Einschlafprobleme: Das Kind ist vielleicht sogar müde, fühlt aber die Anspannung der Eltern, die es selbst nicht verstehen kann, aber als beängstigend wahrnimmt. Es kann deswegen nicht einschlafen, wodurch sich die Anspannung der Eltern verstärkt …

Hier helfen verschiedene Ansätze: Am wichtigsten ist es, im Alltag von Anfang an genügend Ruhepausen für die Eltern einzubauen. Kinder müssen nicht den ganzen Tag über beschäftigt werden und Eltern dürfen sich zwischendurch Pausen erlauben, um in Ruhe einen Tee zu trinken, in einem Buch zu lesen oder durch eine Zeitschrift zu blättern. Sie dürfen auch einfach mal die Beine hochlegen und nichts tun, um am Abend nicht völlig erschöpft zu sein. Auf diese Weise wird der Abend nicht so stark als Erwachsenenzeit aufgeladen. Auch wichtige Aufgaben sollten nicht unbedingt immer auf den Abend gelegt werden, sodass man unter dem Druck steht, sie noch erledigen zu müssen. Ist ein Elternteil besonders angespannt, kann vielleicht der andere das Baby oder Kind am Abend ins Bett bringen, damit sich die Situation entspannt. Und an manchen Abenden hilft es einfach nur, die Situation so anzunehmen, wie sie eben ist: Irgendwann wird das Kind schlafen. Bis dahin macht man sich die Zeit so schön es eben geht – mit Kind.

Was wir also vermeiden sollten, ist eine von Anfang an negative Haltung gegenüber dem kindlichen Schlaf und zu hohe Erwartungen an den Abend, die uns in Stresssituationen führen. Was aber sollte man nun tun, um geborgenes Schlafen zu ermöglichen? Wenn wir uns von unserer eigenen negativen Haltung und von ungünstigen Vorstellungen befreit und Schlaf als positiv angenommen haben, vermitteln wir unseren Kindern genau dies: Schlaf ist schön! Du darfst dich nun ausruhen! Es liegen Welten zwischen einem »Nun musst du leider ins Bett!« und einem »Nun darfst du dich ausruhen, damit du morgen wieder gut in den Tag starten kannst«. Diese innere Einstellung, die wir unserem Kind von Anfang an mit auf dem Weg geben, wird uns allen durch die gesamte Kindheit und Jugend helfen. Babys und Kinder *müssen* nicht schlafen, sie *wollen* schlafen, und wir Erwachsenen geben ihnen die Möglichkeit dazu.

Eine passende Schlafumgebung gestalten

Wenn wir unseren Kindern die Möglichkeit zum Schlafen geben, hat das auch etwas mit einer guten Schlafumgebung zu tun. Dabei kann das, was wir – geprägt durch die Gesellschaft und die Babyprodukte-Industrie – schön finden, und das, was für ein Baby oder Kind eine passende Einschlafumgebung ist, durchaus unterschiedlich sein. Schlafen hat mit Ausruhen zu tun, mit Ruhe. Sie ist das Gegenteil von Spiel, Animation und Aufregung. Eine passende Schlafumgebung muss deswegen genau diesen Bedürfnissen Rechnung tragen: Sie sollte möglichst reizarm sein. Ein Baby darf zum Einschlafen die Augen ruhen lassen und ins Leere starren. Es braucht kein Mobile über dem Bett, das es dazu auffordert, den Blick zu konzentrieren oder die Schatten an der Wand zu untersuchen. Es braucht auch erst einmal kein Kuscheltier, schon gar nicht mit Spieluhr – ein von einer Bindungsperson getragenes Shirt oder ein Tuch, das Mama oder Papa eine Weile am Körper hatten, reicht aus. Vor allem braucht es keine grellen Farben, keine starken Kontraste, wie uns immer wieder erzählt wird. Der Körper

und besonders die Fernsinne wie Hören und Sehen wollen ruhen. Das ganze Kind darf zur Ruhe kommen. Wenn es wirklich nicht müde sein sollte oder am Morgen wieder aufgewacht
ist, hat es im gesamten ersten Jahr genug Möglichkeiten, sich
zu beschäftigen, weil es einfach es selbst ist: Es spielt mit den
Händen vor dem Gesicht, ertastet später die Beine und steckt
irgendwann die Zehen in den Mund. Es genügt sich selbst und
braucht in seiner Schlafumgebung zunächst nichts, was es vom
Schlafen ablenken könnte.

Wie schon erwähnt, ist es auf dem Weg zu einem an unseren
Erwachsenenschlaf angepassten Schlafrhythmus wichtig, dem
Kind den Tag-Nacht-Rhythmus näherzubringen. Am Tag ist es
hell, in der Nacht ist es dunkel. Dies zeigt sich auch am Schlafort: Babys brauchen kein Schlaflicht. Jede Lichtquelle kann sich
negativ auf das Schlafverhalten auswirken. Künstliches Licht
am Abend, besonders solches von Bildschirmen oder anderen
Displays wie Weckern oder Babyphones, kann dem Kind eine
falsche Botschaft über die Tageszeit geben und den sich aus-
bildenden Tag-Nacht-Rhythmus negativ beeinflussen: Es wirkt
auf das Schlafhormon Melatonin.[25] Das Kind darf lernen: Tagsüber, wenn die Phase des Spiels und Wachseins ist, ist es hell,
zur Zeit des Ruhens in der Nacht ist es dunkel – ohne Schlaflicht, ohne Displays.

Förderlich für die Rhythmisierung ist es zudem, wenn das
Baby seinen Schlafplatz als dafür reservierten Ort wahrnimmt.
Wickeltisch (sofern vorhanden) und Bett sind die beiden ersten Plätze, die das Baby wirklich intensiv kennenlernt: Es erfährt nach und nach, was dort geschieht, und kann mit der Zeit
verlässlich voraussagen, was passieren wird, wenn es dorthin
kommt. Im Bett sollte deswegen nicht gespielt, nicht massiert
oder etwas anderes gemacht werden. Das Kind darf sich darauf
verlassen, dass das Bett der Ort ist, an dem es einfach nur zur
Ruhe kommen kann, ein Ort, der immer gleich und sicher ist.

Ist es müde, wird es dort behutsam abgelegt, vielleicht mit den immer gleichen Worten wie »Nun ist es Zeit zum Ausruhen, und du darfst in deinem Bett schlafen«. Auch das zum Einschlafen gestillte Kind kann mit diesen immer gleichen Worten abgelegt werden, die es beim Hinlegen noch hört.

Rhythmus und die Befriedigung der Bedürfnisse vermitteln dem Baby Sicherheit in der anfangs noch neuen Welt. Um dies zu unterstützen, ist es wichtig, ihm auch im Schlaf zu zeigen, dass es sicher ist: Ist es in der aktiven Schlafphase unruhig, können Eltern zunächst entspannt abwarten, ob es wirklich erwacht oder nur wild träumt und sich wieder selbst beruhigt. Erwacht es aus dem Schlaf mit Unruhe und Schreien, kann es vor Ort beruhigt werden anstatt herausgehoben zu werden. So erfährt es: Es gibt hier an meinem Schlafort keine Gefahr, ich muss nicht fortgetragen werden, sondern kann mich auch hier wieder entspannen. Das Auflegen der Hand auf die Brust, das Halten der kleinen Hände und sanftes Ansprechen können so langfristig viel zielführender sein, als das Baby sofort aus dem Bett zu heben. Es lernt von Anfang an, was für ein schöner und entspannender Ort das Bett ist.

◊ ◊ ◊ ◊ ◊ ◊ ◊

Geborgen Schlafen – so geht es

- ◊ Babys und Kleinkinder schlafen gut in der Nähe ihrer Bindungspersonen: Hier droht ihnen keine Gefahr und sie fühlen sich geschützt.
- ◊ Auch in Bezug auf die Vermeidung des Plötzlichen Kindstods ist das Schlafen im Nahbereich der Eltern sinnvoll.
- ◊ Kinder können direkt im Familienbett schlafen, in einem Beistellbett am Bett der Eltern oder in einem Kinderbett im Elternschlafzimmer.

◇ Die Grundbedürfnisse müssen erfüllt sein, damit das Kind schlafen kann: Sättigung, angenehme Umgebungstemperatur, körperliches Wohlempfinden, kein Ausscheidungsdrang.

◇ Von Anfang an sollte dem Kind vermittelt werden: Schlafen ist schön. Dafür müssen die Eltern sich selbst von negativen Denkmustern gegenüber kindlichem Schlafverhalten befreien: Kein Kind muss schlafen lernen, jedes Kind kann natürlicherweise schlafen.

◇ Ihr solltet nach Möglichkeit auch tagsüber entspannen, damit das abendliche Zubettbringen nicht mit zu vielen Erwartungen aufgeladen ist.

◇ Es hilft, beim Zubettbringen nicht auf die Uhr zu schauen, sich nicht stressen zu lassen. Wer unruhig ist, sollte dem Partner das Gutenachtritual überlassen.

◇ Bindungspersonen müssen in der Nähe sein, wenn das Baby schläft, um notfalls prompt Trost und Zuwendung zu spenden. (Damit ist klar: Wer das Babyphone benutzt, um während des Mittagsschlafs des Babys im Café nebenan einen Kaffee zu trinken, kann im Notfall nicht schnell genug vor Ort sein.)

◇ Dem Kind sollte von Anfang an vermittelt werden: Das Bett ist ein sicherer Schlafort und nur für das Schlafen bestimmt.

◇ Lasst hier keine Reize zu, die vom eigentlichen Thema ablenken: Schlafen bedeutet Ausruhen.

◇ Praktisch ist es, diese Hinweise von Anfang an zu berücksichtigen. Eine spätere Umgewöhnung des Kindes ist immer etwas schwieriger, als von Anfang an für Ruhe und Reizarmut zu sorgen.

Was heißt Durchschlafen? Und wann kann das Kind das?

Der Begriff »Durchschlafen« ist bei den meisten Eltern besonders aufgeladen, denn die Frage von Verwandten und Freunden, ob ein Kind schon durchschläft, gehört für viele zum Alltag. »Durchschlafen« wird dabei immer wieder vollkommen
falsch interpretiert: Bei Babys wird darunter eine Schlafphase
von sechs bis acht Stunden verstanden. Betrachten wir aber
den Schlaf von Erwachsenen, sehen wir, dass auch sie nicht
durchschlafen: Nächtliches Aufwachen ist normal, beispielsweise um zu überprüfen, ob alles in Ordnung ist. Nur fällt es
uns nach dem Aufwachen leichter, wieder in den Schlaf zurückzufinden. Kinder lernen dies nach und nach auf Basis unseres Verhaltens und der sicheren und angemessenen Schlafumgebung. Vermitteln wir ihnen Sicherheit und Ruhe und sind
verlässlich bei ihnen, wenn sie sich ängstigen, lernen sie mit
der Zeit, sich selbst zu beruhigen. Dies ermöglicht uns den Ein-
druck eines durchschlafenden Kindes – auch wenn es wie wir
gelegentlich nachts aufwacht.

Wann das Kind die Fähigkeit entwickelt, sich selbst zu beruhigen und nachts allein wieder in den Schlaf zu finden, ist sehr
unterschiedlich. Es bringt uns Eltern nichts, ein festes Datum
zu erwarten oder unser Kind mit anderen zu vergleichen. Zu
viele individuelle Faktoren spielen hinein, die ein Baby früher
diese Fähigkeiten haben lassen und ein anderes später. Kein
Schlaflernprogramm kann unserem Kind Selbstregulation beibringen. Zeit und die genannten Rahmenbedingungen sind lediglich Unterstützer auf diesem Weg.

Je weiter sich unser Kind auch kognitiv entwickelt, desto
mehr neue Einflussfaktoren wirken auf das Schlafverhalten ein:
Kann sich das Kind fortbewegen, wird es durch Angst in der
Dunkelheit davor geschützt, sich zu weit von den Bindungspersonen zu entfernen. Auch entwickeln größere Kinder Angst

vor Monstern oder wilden Tieren, die irgendwo in der Dunkelheit lauern könnten, weil sie nun fähig sind, sich solche Sachen vorzustellen. Für Eltern ist das oft eine anstrengende Zeit: Hat man doch gerade gedacht, dass das Kind nun aus dem Gröbsten raus ist und endlich gut schläft, kommen nun doch wieder neue Probleme.

Auch kann das nächtliche Aufwachen einen ganz normalen anderen Grund haben: Das Kind hat Hunger. Fälschlicherweise ist immer wieder zu lesen, dass Babys nach dem sechsten Lebensmonat keine nächtliche Nahrung mehr benötigen würden. Doch diese Annahme beruht größtenteils auf Daten von nicht gestillten Kindern, die ihre künstliche Säuglingsnahrung langsamer verwerten als Muttermilch und die auch eine größere Menge davon auf einmal zu sich nehmen als Stillkinder. Das noch im Wachstum befindliche Gehirn braucht jedoch in den ersten drei Lebensjahren sehr viel Energie, die bei Stillkindern eben auch nachts geliefert werden muss.

Das sich noch entwickelnde Gehirn ist zudem Auslöser des Nachtschrecks, der besonders im Vorschul- und Grundschulalter auftritt. Der Übergang vom ruhigen Schlaf in den aktiven Schlaf läuft noch nicht reibungslos ab, wodurch das Kind aufschreckt, schreit, um sich schlägt und nicht ansprechbar ist. Für Eltern ist dies besonders beim ersten Auftreten sehr beunruhigend, da das Kind große Angst zu haben scheint, sich aber nicht beruhigen lässt. Die einzige Handlungsmöglichkeit für Eltern besteht im Annehmen der Situation und dem Achten darauf, dass sich das Kind nicht verletzt. Diese Phase im Heranwachsen kann für Eltern in Bezug auf das Durchschlafen noch einmal sehr anstrengend sein – aber auch sie geht vorüber.

Deswegen bedeutet geborgenes Schlafen nicht nur, dass Babys im ersten Jahr in der Nähe der Eltern schlafen dürfen. Es bedeutet, dass wir auch später immer wieder Verständnis aufbringen für Phasen, in denen der Schlaf gestört sein kann. Na-

türlich dürfen wir davon auch genervt sein, aber wir sollten –
wie im ersten Jahr – versuchen, die Gründe nachzuempfinden.
Und wir müssen uns vor allem von der Erwartung lösen, dass
unsere Kinder irgendwann einfach wie kleine Erwachsene
funktionieren. Kinder entwickeln sich in ihrem eigenen Tempo und dies betrifft auch das Schlafverhalten. Nicht durchzu-
schlafen – auch nicht nach dem ersten Geburtstag – ist weit
verbreitet und ganz normal. Und auch Kinder, die noch lange
in die Vorschul- oder Grundschulzeit hinein das elterliche Bett
als schützende Zufluchtsstätte aufsuchen oder auf dem Familienbett beharren, sind keine Sonderlinge. Sie wissen, dass ihre
Eltern für sie da sind, sie zu jeder Uhrzeit beschützen und be-
hüten und es in Zeiten der Angst keinen geborgeneren Ort gibt
als die Nähe ihrer Bindungspersonen.

Gemeinsames Essen ist mehr als nur Nahrungsaufnahme

Unsere Ernährung ist ein wichtiger Teil unseres Lebens – von
Anfang an. Oft ist zu lesen »Stillen ist mehr als Nahrung«, doch
dass auch Beikost und eigentlich jede Mahlzeit am Familientisch mehr als nur Nahrungsaufnahme ist, wird oft vergessen.
Unser Blick richtet sich auch hier gern auf das erste Lebensjahr
und übersieht, welche wichtige Funktion die Nahrungsaufnahme unser gesamtes Leben über hat: von der Auswahl der Nahrungsmittel über ästhetische Aspekte der Darreichung bis hin
zur Selbstständigkeit in der Nahrungsaufnahme und zu sozialen Aspekten am Tisch. Essen sollte zu jedem Zeitpunkt ein
Genuss sein, eine Freude, besonders für Kinder, die sich gerade erst auf den Weg machen, die so spannende Welt der unterschiedlichen Geschmacksrichtungen spielerisch kennenzulernen. Riechen, schmecken, fühlen, Austausch mit anderen – bei

einer Mahlzeit werden viele Sinne angesprochen und wir können als Eltern unseren Kindern einen spannenden, lehrreichen, gemütlichen und ansprechenden Rahmen für dieses große lebenslange Abenteuer bauen.

In welchem Rhythmus stillen?

Muttermilch ist die natürliche Nahrung des Säuglings. Sie enthält alles, was das Kind für eine gute Entwicklung benötigt, und kann bis heute nur ansatzweise als künstliche Säuglingsnahrung nachgeahmt werden. Viele ihrer Bestandteile sind künstlich nicht ersetzbar und auch die einfache Darreichung und die Anpassung der Milchzusammensetzung an die Bedürfnisse des sich entwickelnden Babys finden sich in den künstlichen Produkten nicht wieder. Muttermilch ist und bleibt daher das Grundnahrungsmittel der Wahl im ersten Lebensjahr und sollte nach Bedarf angeboten werden: Wann immer das Kind Hungerzeichen zeigt oder weint, sollte sein Bedürfnis gestillt werden. Stillen nach Stundenplan ist seit vielen Jahren überholt. Oft sagt uns das unser Gefühl schon, denn wenn das Baby weint, haben wir den Impuls, es an uns zu nehmen und zu versorgen. Manchmal aber müssen wir noch immer gegen andere Meinungen im Umfeld, sogar von Fachleuten, ankämpfen.

Das Baby sollte von Anfang an erfahren, dass auf seine elementaren Grundbedürfnisse – wozu Hunger und Durst zählen – prompt und zuverlässig reagiert wird. Im Laufe der Zeit ändern sich die Signale, und auch der Tagesrhythmus erfährt über das erste Jahr hinweg immer wieder Änderungen, auf die sich die Eltern einstellen müssen, um bedürfnisorientiert reagieren zu können. Gerade deswegen ist es jedoch gut, von Anfang an eine sichere und zeitnahe Reaktion zu üben.

Stillen und Muttermilch – optimal für die Bindungsentwicklung

Wenn eine Mutter ihr Kind in den Armen hält, den innigen
Moment des Stillens genießt und dabei dem Baby tief in die
Augen sieht, hat sie eine Ahnung davon, dass sich das Stillen auch auf die Beziehung auswirkt. Weint das Baby, beginnt
die Muttermilch zu fließen, und es entsteht das Bedürfnis, das
Baby nah an sich zu ziehen und zu umsorgen. All dies zeigt
uns, wie bedeutsam das Stillen beim Umgang mit den Bedürfnissen des Kindes ist.

Es wird schnell klar, dass es einen stark die Bindung unterstützenden Charakter haben kann, der durch die Kraft
unserer Hormone hervorgerufen wird: Saugt das Baby an
der Brustwarze, wird im Körper der Mutter Prolaktin ausgeschüttet, das die Milchbildung in Gang setzt. Gleichzeitig
wird das schon als Bindungs- und Liebeshormon vorgestell-
te Oxytocin freigesetzt, das sich vielfältig auf den mütterlichen Körper auswirkt, die Bindung unterstützt und beim Stillen bewirkt, dass die Muttermilch durch die Milchgänge zur
Brustwarze geleitet wird. Es unterstützt den Altruismus, also
die Selbstlosigkeit der Mutter, sodass sie ihr Verhalten ganz
auf das Wohl des Kindes ausrichtet. Prolaktin bewirkt zudem
Nestbautrieb, Verteidigungsverhalten und Nervosität und
führt zu »Geisteszuständen von Untergebenheit und Unter-
werfung«[26]: Durch die Kraft der Hormone, die beim Stillen
ausgeschüttet werden, stellt sich die Mutter also ganz auf ihr
Baby ein und passt sich an seine Bedürfnisse an. Es fällt ihr auf
diese Weise weniger schwer, den Babyrhythmus zu akzeptieren. Durch die Nervosität ist sie wach und darauf ausgerichtet, die Bedürfnisse des Babys auch wirklich wahrzunehmen.
Stillen ist daher selbst für die Mutter mehr als Nahrungsgabe:
Es unterstützt durch die hormonellen Einflüsse die Bindung
und das gesamte mütterliche Verhalten und kann daher ein

wunderbarer Begleiter auf einem bindungsorientierten Weg sein.

Die in der Muttermilch enthaltenen endogenen Opiate wie Beta-Casomorphin haben eine beruhigende Wirkung auf das Kind, wodurch es den Stress, den es durch die neue Lebenswelt erfährt, abfedern, Energie sparen und sich auf die Erkundung der Umgebung einstellen kann.[27] Gerade am Anfang ist das eine wunderbare Unterstützung in der noch so aufregenden Welt. Das Baby kann sich regelrecht zur Beruhigung an die Brust zurückziehen, wenn ihm alles andere zu viel wird. Die Muttermilch bereitet das Baby dabei auch auf soziale Kontakte vor und hilft ihm, sich darauf einzulassen – eine wichtige Voraussetzung für Bindung.

Der Körperkontakt während des Stillens wirkt allein schon beruhigend: Das Baby wird sicher gehalten und hat auch über den so empfindsamen Mundbereich einen Kontakt, sodass es maximal über die Haut stimuliert wird. Zudem hat das in der Muttermilch enthaltene Taurin einen beruhigenden Einfluss, da es die Erregungsfähigkeit dämpft[28], was sich wiederum gut auf die Gestaltung des Alltags und die gemeinsame Interaktion auswirkt. Da sich die Muttermilch über den Tag hinweg in ihrer Zusammensetzung verändert und an die Bedürfnisse anpasst, hat sie am Abend aufgrund ihrer Inhaltsstoffgewichtung eine besonders beruhigende Wirkung. Das sorgt dafür, dass das Baby müde wird. Auch diese sanfte Einschlafhilfe kann man als bindungsunterstützend betrachten, wenn sie Eltern die manchmal schweren Abendstunden erleichtert und zu weniger familiärem Stress führt.

Stillende Mütter hören häufig, dass sie ihre Babys ausschließlich zur Sättigung anlegen sollten und nicht, um das Baby »einfach so« zu beruhigen. Betrachten wir die vielen positiven Aspekte und Inhalte der Muttermilch, wird schnell klar, dass das falsch ist: Stillen ist immer mehr als körperliche Er-

nährung, es ist jederzeit auch eine seelische Nahrung. Selbst
das Nuckeln an der Brust, ohne dass Milch herauskommt, ist
beruhigend für das Baby und hat damit seine Berechtigung. Im
Laufe der Zeit können stillende Mütter dann schauen, ob das
Baby von allein andere Beruhigungsstrategien findet oder sie
es sanft dabei unterstützen können. Solange es für Mutter und
Kind jedoch in Ordnung ist, spricht nichts gegen das Beruhi-
gungsstillen oder -nuckeln.

Ernährung mit künstlicher Säuglingsnahrung
ist ebenfalls bindungsorientiert möglich

Auch wenn Muttermilch das immer vorzuziehende Nahrungsmittel für Babys und Kleinkinder ist, haben Frauen oftmals ihre
Gründe, nicht zu stillen. Manchmal liegt es nicht daran, dass
sie es nicht wollen oder sich nicht über die positiven Eigenschaften des Stillens informiert hätten, sondern dass sie zu wenig Unterstützung haben, während sie gleichzeitig das natürliche Stillen als Kind nicht selbst erlebt haben und später auch
nirgends beobachten konnten. Während sich fast alle Mütter
vor der Geburt das Stillen noch für das erste halbe Jahr vor-
nehmen, sind es dann tatsächlich nur die Hälfte der Kinder, die
in diesem Zeitraum gemäß der Empfehlung der Weltgesundheitsorganisation voll gestillt werden. Es fehlt an Vorbildern,
die das Stillen als natürlichen Vorgang verdeutlichen, es uns
von Anfang an beibringen und uns so Vertrauen in die eigenen
Fähigkeiten geben. Stillen erscheint einigen als eine Art fremdes Kulturgut, das nicht erlernt werden konnte. Statt Natürlichkeit erleben werdende Familien das Stillen von Anfang an
als schwieriges Hindernis, als zu lernende Herausforderung:
Vielfach ist zu lesen, dass die Brustwarzen vorab abgehärtet
werden sollten, dass richtiges Stillen eine optimale Anleposi-
tion erfordert und andere wichtige Regeln eingehalten werden

müssten. So wird das Stillen von Anfang an pathologisiert, und Frauen haben schon vor Stillbeginn Angst, an dieser Hürde zu scheitern – manchmal eine sich selbst erfüllende Prophezeiung.

Stillberaterin Regine Gresens empfiehlt daher in ihrem gleichnamigen Buch das »intuitive Stillen«, bei dem jegliche Anleitungen und Checklisten vergessen werden sollten, und man auf die natürlichen Reflexe des Babys und der Mutter vertraut. Stillen muss nicht erlernt werden, vielmehr sollten die natürlichen Impulse genutzt werden. Natürlich brauchen wir heute, da wir uns von dieser Natürlichkeit weit entfernt haben, auch Unterstützung: Hebammen und Stillberaterinnen können Frauen dabei helfen, zu ihren natürlichen Instinkten zurückzufinden, und ihnen zur Seite stehen, wenn das nötig wird. Oftmals sind dann die vielen auf dem Markt erhältlichen »Hilfsmittel«, wie besondere Tees und Getränke oder Stillkissen, gar nicht mehr notwendig.

Aber auch andere Gründe können gegen das Stillen sprechen: wenn Frauen stillunverträgliche Medikamente einnehmen müssen, unter sexuellen Gewalterfahrungen litten, die einen natürlichen Umgang mit dem Stillen verhindern, oder wenn das Stillen nach Adoption oder in gleichgeschlechtlichen Familien nicht möglich ist. Haben diese Familien schlechtere Grundvoraussetzungen für den Aufbau einer sicheren Bindung? Nein. Stillen ist wunderbar, hilfreich, gesund und auch unterstützend in Bezug auf die Bindung – aber es ist nicht die Basis für ein geborgenes Aufwachsen. Auch nicht-gestillte Kinder können wunderbare, bindungsfördernde Momente des Nährens erleben. Wie beim Stillen, bei dem Hautkontakt natürlicherweise stattfindet, kann auch beim Füttern mit der Flasche eine solche körperliche Nähe hergestellt werden und das Baby in jenem Abstand von 20 bis 25 Zentimetern vom Gesicht der Bindungsperson entfernt gehalten werden, sodass es die fütternde Person scharf sehen und Blickkontakt herstellen kann. Es spricht nichts dagegen, das Baby auch hin und wieder mit nacktem Oberkörper zu füttern, wie es beim Stillen getan wird. So kann es den Körperkontakt ganz besonders genießen. Auch bei der Fütterung mit der Flasche kann liebevoll auf die Signale und Bedürfnisse des Babys geachtet und nach Bedarf gefüttert werden: Pre-Milch ist in ihrer Zusammensetzung der Muttermilch am ähnlichsten. Auch sie kann (anders als Folgemilch, die in bestimmten Zeitabständen gegeben werden muss) über das gesamte erste Babyjahr ganz nach Bedarf gefüttert werden.

Im Zwiegespräch mit dem Baby können Eltern auch hier feststellen: »Ah, du bist nun satt. Wenn du wieder Hunger hast, bekommst du wieder eine Flasche.« So wird auf die Signale des Babys geachtet, statt nur nach einem strengen Zeitplan zu füttern. Das Baby lernt, dass seine Bedürfnisse berücksichtigt werden und es selbstwirksam Hunger und Sättigung anzeigen kann. Eine englische Studie hat belegt, dass das Füttern nach Bedarf mit künstlicher Säuglingsnahrung besser ist als nach Zeitplan: Die nach Bedarf gefütterten Kinder hatten in der Schulzeit einen höheren Intelligenzquotienten und zeigten bessere Prüfungsergebnisse.

Gerade bei Kindern, die mit der Flasche gefüttert werden, ist die Versuchung für Eltern jedoch groß, darauf zu achten, dass regelmäßig gleich große Mengen eingenommen werden, oder es treten Verunsicherungen auf, wenn das Baby mal deutlich mehr oder weniger trinkt. Beim Stillen fällt dies in der Regel nicht auf und Eltern sind weniger versucht, das Baby zu mehr oder weniger großen Mahlzeiten zu bewegen. Deswegen ist es für Eltern, die mit der Flasche füttern, eine besondere Herausforderung, wirklich die Signale ihres Babys zu beachten und darauf zu reagieren – unabhängig von allen Milliliterangaben. Denn schließlich haben auch wir nicht an jedem Tag und zu jeder Uhrzeit denselben Appetit.

Auch bei einer bedürfnisorientierten Ernährung des Babys geht es in erster Linie darum, seine Bedürfnisse wahrzunehmen: erkennen, dass das Kind nun bald Hunger haben wird, und das Bedürfnis nach Möglichkeit bei den ersten Hungerzeichen befriedigen, bevor das Schreien als Warnsignal eingesetzt werden muss. Zwar gibt es zwischen gestillten Babys und Kindern, die mit künstlicher Säuglingsnahrung ernährt werden, einige Unterschiede – wie beispielsweise, dass die Muttermilch schneller verdaut wird und Stillkinder besonders anfangs häufiger trinken, weil das die Milchbildung erhöht[29] –, doch beide zeigen anfangs die gleichen Hungeranzeichen: das Hin- und Herwenden des Kopfes, das Lutschen an den Händen. Bei Babys, die künstliche Säuglingsnahrung bekommen, ist es sogar besonders wichtig, auf diese Signale zu achten, um rechtzeitig mit der Zubereitung der Nahrung anzufangen.

◇ ◇ ◇ ◇ ◇ ◇ ◇

Geborgene Flaschenfütterung

Auch wenn Muttermilch immer das Nahrungsmittel der Wahl und die beste Ernährung für das Baby ist, kann es eine Art der Flaschenfütterung geben, die Bindung und Geborgenheit verstärkt. Das bedeutet:

◇ Das Kind kann mit Pre-Milch nach Bedarf gefüttert werden, wenn es Hungerzeichen zeigt. Es sollte also auf die Signale des Babys geachtet werden, die entsprechend Beantwortung finden: Bei Hunger und Sättigung sind die Zeichen des Babys wichtiger als die Milliliitervorgaben.

◇ Jedes Kind ist anders: Manche trinken schneller an der Flasche, andere langsamer, manche mehr, manche weniger, je nach Stoffwechsel, Verdauung und Entwicklungsphase.

◇ Ist das Baby satt, hört es auf zu trinken.

◇ Ausschließlich körpernahe Fütterung, gern auch mit direktem Hautkontakt, fördert die Bindung: Babys sollten nicht allein die Flasche halten oder beim Trinken allein in Bett oder Babyschale liegen. Die Flasche sollte unbedingt von der Hand einer Bindungsperson gehalten und nicht durch ein Kuscheltier abgestützt werden.

◇ Unterstützen und noch mehr regelmäßigen Körperkontakt bieten kann das Tragen am Körper im Tragetuch oder einer Tragehilfe außerhalb der Stillmahlzeiten.

◇ Auch die Zeit des Trinkens mit der Flasche ist mehr als Nahrungsaufnahme: Es ist Zeit für den Austausch, für liebevolles Miteinander, Augenkontakt und Gespräche.

◇ Warum auch immer das Stillen nicht die gewählte oder mögliche Nahrungsform ist: Lass dir kein schlechtes Gewissen einreden und schäm dich nicht. Dies kann – besonders in der Öffentlichkeit – die gemeinsame Mahlzeit sonst durch die Anspannung erschweren.

Ab wann ist es Zeit für Beikost?

Irgendwann ist die Phase des ausschließlichen Stillens oder der alleinigen Ernährung mit Pre-Milch vorbei. Die Verunsicherung der Eltern fängt meist schon mit der einfachen Frage an: Wann ist der richtige Zeitpunkt für Beikost? Aus bindungsorientierter Sicht gibt es darauf, genau wie auf alle anderen Fragen, eine Antwort: Wenn das Kind bereit ist und das durch Signale zeigt. Auch hier sollten wir uns nicht nach Zeitplänen richten, auch nicht nach Angaben von Nahrungsmittelherstellern oder pauschalen Regeln aus Büchern oder Zeitschriften. Unabhängig davon, ob wir unser Baby in der ersten Zeit mit Brei oder von Anfang an mit fester Nahrung ernähren möchten, gibt es für alle Kinder gleichermaßen geltende Anzeichen dafür, dass sie für diese Art der Nahrungsaufnahme bereit sind.

Die Bereitschaft des Babys für Beikost

Der richtige Zeitpunkt für zusätzliche Nahrung wird vom Baby selbst angezeigt:

◇ Es zeigt Interesse an Nahrungsmitteln, es beobachtet, wie andere essen, und greift nach den Lebensmitteln. Allerdings ist dies ein recht unkonkretes Anzeichen, denn das Baby weiß noch nicht, dass Nahrung eben Nahrung ist, sondern hat erst einmal nur Interesse an diesen spannenden Sachen, die sich die Bindungspersonen in den Mund stecken. Daher sind die anderen Anzeichen zusätzlich besonders wichtig.

◇ Allein das Vorhandensein von Zähnen ist noch kein konkreter Hinweis.

◇ Bereit aber ist das Baby, wenn es den Kopf aufrecht halten und bewegen kann.

◇ Kann sich das Baby allein vom Rücken auf den Bauch drehen, kann es auch die Speisen im Mund gut mit der Zunge bewegen, da beide Entwicklungen parallel verlaufen.

◇ Der Zungenstoßreflex muss nachgelassen haben: In den ersten Monaten bewahrt er das Baby davor, feste Dinge zu verschlucken oder einzuatmen. Ab etwa vier Monaten lässt er nach, und das Baby beginnt mit den ersten Kaubewegungen.

◇ Das Baby sollte mit ein wenig Unterstützung im unteren Rückenbereich stabil sitzen und das Essen selbst zum Mund führen können. Füttern im Liegen, auch in Baby-

schalen, ist absolut unangebracht: Das Baby kann nicht
nur die Speisen viel schwerer schlucken, es ist in seiner
gesamten Bewegung eingeschränkt und passiv dem Geschehen ausgeliefert.

◇ Ganz besonders wichtig: Das Baby zeigt nicht nur, dass es
etwas haben möchte, sondern auch, dass es etwas nicht
oder nicht mehr haben möchte: durch Abwenden des Kopfes, durch Geräusche oder weil es das Essen einfach beendet. Auf diese Signale sollte immer geachtet werden.

Welche Art von Beikost?

Ist das Baby nach diesen Anzeichen bereit für Beikost, stellt
sich die Frage: Wie fange ich an und womit? Brei oder nicht?
In vielen Familien, die im Alltag einen bindungsorientierten
Erziehungsstil leben, nehmen die Kinder die Antwort auf die
Frage vorweg, indem sie sich einfach etwas vom Teller eines anderen nehmen und in den Mund stecken. Damit ist der
Grundstein für die Beikost gelegt: Das Kind zeigt selbst, dass
es etwas möchte, probiert es aus und darf selbstständig damit
umgehen.

Tatsächlich hat eine solch entspannte Einführung von Beikost viele Vorteile: Das Kind lernt von Anfang an das richtige
Familienessen kennen und entdeckt dadurch auch verschiedene Konsistenzen, erfährt unterschiedliche Geschmacksrichtungen und kann mit den Händen die einzelnen Formen be-
tasten und eigenständig damit umgehen. Hält es das Essen in
den kleinen Händen, lernt es, wie fest zugedrückt werden kann
und wann es das Essen zu sehr zermatscht. So kann es wunderbare Erfahrungen der Feinmotorik sammeln. Auch die gesamte Gesichtsmuskulatur wird angesprochen, wenn festere Spei-

sen zerkleinert werden wollen. Da es sich selbst bedient, kann es auch mit Hunger und Sättigung selbstständig umgehen: Es nimmt sich etwas vom Angebot, ganz nach eigenem Bedürfnis. Hat es keinen Appetit, isst es nicht und wird auch nicht dazu überredet. Stillen oder Flaschenfütterung wird nach Bedarf weitergeführt, und das Kind bedient sich zudem in seinem eigenen Tempo: An manchen Tagen wird das Stück Fenchel ausführlich angeleckt, beknabbert und befühlt, an anderen Tagen wandert es einfach recht schnell in den Mund.

Auf diese Weise ergeben sich auch schöne Gesprächsanlässe am Tisch, wenn die Familie ohne den Stress des Fütterns gemeinsam zusammensitzt und wahrgenommen werden kann, wie das Kind die Nahrung erkundet. Es ist nicht notwendig, extra zu kochen, Gläschen zu kaufen oder viel Zeit mit aufwändiger Breizubereitung zu verbringen. Auch unterwegs finden sich in der Regel immer Lebensmittel, die das Kind im Restaurant gut essen kann. So wird der Alltag insgesamt entschleunigt und entspannt.[30]

Beikost bedeutet Bei-Kost

Auch wenn die breifreie Beikost viele Vorteile hat, gibt es auch Eltern, die lieber Brei füttern möchten und für die dies die entspanntere Form der Beikosteinführung ist. Und genau das ist wichtig, wenn es darum geht, dass unsere Kinder den Umgang mit Nahrung lernen: dass wir entspannt sind. Weder mit Brei noch breifrei ist der Weg ebenmäßig und das Kind wird sich nicht von heute auf morgen ausschließlich und immer gleich freudig auf das Essen stürzen. Es ist eine Entwicklung, die sich über einen langen Zeitraum erstreckt. Es gibt immer wieder Phasen, in denen Kinder weniger gut essen, und solche, in denen sie mehr essen. Manchmal werden sie krank und wollen wieder ausschließlich gestillt oder mit Pre-Milch ernährt werden, manchmal haben sie Entwicklungsschübe, die sie weniger essen lassen. Das ist alles vollkommen normal, und bei jedem Kind verläuft die Entwicklung der Nahrungsaufnahme ein wenig anders.

Beikost heißt Bei-Kost, weil sie im zweiten Lebenshalbjahr die Nahrung ist, die man zur Hauptnahrungsquelle Muttermilch oder künstliche Säuglingsnahrung hinzugibt. Oft werden wir dazu verleitet zu denken, mit dem ersten Geburtstag müsse das Kind nicht nur laufen können und erste Worte sagen, sondern auch noch ein guter Esser sein. Doch dem ist nicht so: Sehr viele Kinder sind zum ersten Geburtstag noch gar nicht ausschließlich auf feste Nahrung umgestellt. Zwar sollten sie zu diesem Zeitpunkt daran gewöhnt werden, nicht mehr ausschließlich Flaschen- oder Breikost zu sich zu nehmen, sondern das Essen vom Familientisch zu genießen, doch müssen sie dies nicht ausschließlich tun.

Gerade wenn wir nach dem Bedarf des Kindes vorgehen, gibt es viele Kinder, die noch sehr lange Muttermilch als Hauptnahrung verlangen. Dies auch aus gutem, biologisch nachvollziehbarem Grund: Auch im zweiten Lebensjahr enthält die Muttermilch viele wichtige Inhaltsstoffe für die kindliche Entwicklung und einige Immunstoffe steigen in ihrer Konzentration sogar an. Außerdem kann der Kaloriengehalt einer Milchmahlzeit höher sein als ein Brei aus Fleisch und Gemüse.[31] In einer Zeit also, in der das Kind anfängt, sich besonders viel zu bewegen und einen höheren Kalorienverbrauch zu entwickeln und in der es durch Krippeneingewöhnung oder andere Kurse und Gruppen sowie die zunehmende Mobilität mehr soziale Kontakte pflegt, greift es gern auf Muttermilch als Nahrungsquelle zurück. Ein sehr schlaues Verhalten! Vertrauen wir also lieber auf die Bedürfnisse unseres Kindes, anstatt uns an starre Pläne zu halten.

Kein Austricksen, kein Zwang!

Wie beim Füttern mit der Flasche kann es beim Füttern von Brei schwerer fallen, sich am Bedarf des Kindes auszurichten: Schließlich suggerieren die fertigen Gläschenportionen, dass sie eine genaue und richtige Menge an Nahrung für eine Mahlzeit anbieten würden. Mehr sei zu viel, weniger zu wenig. Natürlich ist das nicht richtig, denn die Menge an Nahrung zu jeder Mahlzeit hängt genau wie bei uns Erwachsenen von der Tagesform und vom Stoffwechsel ab und kann so von Tag zu Tag und von Kind zu Kind verschieden sein. Aber wenn das Baby nun mal immer nach einem halben Gläschen die Mahlzeit beendet, können Eltern schnell verzweifeln aus Angst, es würde sich schlecht entwickeln oder krank sein. Aus der Sorge heraus greifen sie dann in die Trickkiste: Es wird spezielles Kindergeschirr und -besteck gekauft, das das Kind zum Essen animieren soll; es werden spielzeugähnliche Löffel mit kleinen Autos dran an den Platz gefahren oder das Kind wird zum Essen überredet mit Sätzen wie: »Hier kommt das Flugzeug, mach noch mal den Mund auf!«. Auch der Einsatz von Medien wie Fernseher oder iPad ist heute nicht mehr selten, damit das Kind vor lauter Ablenkung den Mund öffnet. Im schlimmsten Fall werden Babys in Babywippe oder Autositz angeschnallt gefüttert oder auf dem Schoß mit festgehaltenen Armen, damit sie die als so wichtig betrachtete Nahrung wirklich aufnehmen.

Aber vielleicht sind sie satt. Oder haben zumindest keinen Appetit. Welchen Grund sie auch immer haben: Er ist zu respektieren. Hier bei unserem Überangebot an Nahrung ist es nicht möglich, dass ein Kind an einem vollen Tisch verhungert. Im Gegenteil: Das Kind isst dann, wenn es dazu bereit ist. So, wie es bisher gestillt wurde oder aus der Flasche getrunken hat, wenn es das Bedürfnis hatte. Wenn wir diese einfache Grundregel beachten – egal für welche Beikostart wir uns schließlich entscheiden –, legen wir den Grundstein für ein gesundes und natürliches Essverhalten. Ein Verzicht auf gekaufte Gläschen und das Anbieten von püriertem Familienessen erleichtert es Eltern oft, sich nicht nach vorgegebenen Mengen zu richten und ist zudem abwechslungsreicher und günstiger.

Kinder essen dann, wenn sie Interesse daran haben und wenn sie bereit sind, das spannende »Spielzeug« in Form einer Möhre oder eines gefüllten Breitellers zu erkunden. Babys haben den inneren Drang, zu erkunden, wie sich dieses Ding wohl anfühlt, wie es schmeckt. Erst später lernen sie, dass das Abbeißen, Kauen und Schlucken wirklich zur Sättigung führt. Dann werden sie auch essen, wenn sie Hunger verspüren. Wenn wir versuchen, sie mit Tricks zu beeinflussen, übergehen wir ihren natürlichen Drang zu erkunden, unterwandern ihren Spieltrieb und die Entwicklung eines gesunden, natürlichen Verhältnisses zum Essen.

Vielleicht lehnt das Baby oder Kind auch einfach bestimmte Nahrungsmittel ab, die ihm nicht schmecken. Wir leben hier mit einem so reichen Angebot an Lebensmitteln, dass es keinen Grund gibt, darauf zu bestehen, dass ein Kind unbedingt Möhrenbrei essen sollte. Manchmal steht hinter der Ablehnung auch eine genetische Abneigung gegenüber Bitterem, die aus evolutionärer Sicht davor bewahrte, Schädliches oder gar Giftiges zu verzehren.

Manchmal gibt es auch Phasen, in denen Kinder immer wieder dieselben Nahrungsmittel essen wollen: Jeden Tag könnte es Nudeln geben. Auch eine solche Bevorzugung kann ihren Grund haben, wenn das Kind wegen eines Entwicklungsschubs gerade besonders viele Kohlehydrate benötigt. Kinder können – sofern wir ihnen ein gesundes (!) Angebot machen – selbst entscheiden, was sie essen möchten und wie viel davon. Das ist die einzige wirklich sinnvolle Ernährungsregel, an die wir uns halten können. Wir können und sollten ihnen darüber hinaus immer wieder auch andere und neue Nahrungsmittel anbieten, aber niemals unter Zwang.

Süßigkeiten und Chips sind kein Ersatz für Mahlzeiten, auch wenn Eltern denken, Kinder würden davon wenigstens satt werden, wenn sie schon nichts anderes essen. Lass solche Sachen weg und vertrau darauf, dass sich das Kind gern etwas von den gesunden Angeboten nimmt, sobald es Hunger hat.

Der Beginn der Beikost

So fängt die Beikostphase am besten an:

◇ Das Baby bestimmt den Beginn, keine Alterstabellen, keine Nahrungsmittelherstellerangaben.

◇ Nahrung ist niemals Zwang, kein Kind verhungert an einem gut gedeckten Tisch.

◇ Beachte die Signale des Kindes: Wenn es sich abwendet, möchte es nicht essen.

◇ Kein Austricksen, keine Ablenkung! Kinder haben Gründe, wenn sie (etwas) nicht essen möchten.

◇ Lass das Kind aus gesunden Lebensmitteln selbst auswählen.

◇ Beikost ist nicht jeden Tag gleich: Es gibt immer wieder Phasen, in denen Kinder schlechter oder besser essen.

◇ Die Gewöhnung an das Familienessen sollte auch bei Breikindern langsam im ersten Jahr stattfinden, oft ist ein fließender Übergang zu mehr und mehr Fingerfood günstig.

◇ Keine Dogmen: Auch hier gibt es nicht den einen richtigen Weg. Mischformen oder die Entscheidung für Brei oder Fingerfood sind wunderbar, solange du die Bedürfnisse und Signale des Kindes beachtest.

Der Familientisch

Essen ist eine wichtige und schöne Erfahrung für Kinder.
Noch lange Jahre begleitet sie idealerweise die Lust am Entdecken und Probieren. Auch Vorschulkinder essen gern mal
mit den Fingern oder genießen es, die Suppe aus der Schüssel
zu schlürfen. All dies sind sinnliche Erfahrungen, die unsere
Kinder mögen. Und wenn wir unsere Vorstellung davon, dass
»man das nicht macht« einmal abstreifen, ist es eigentlich auch
nicht so schlimm, ihnen das ab und an zu erlauben.

Denn ja: Woanders essen Kinder anders, weil alle es dort
so machen. Und auch Kinder, die mit Fingerfood groß geworden sind, werden irgendwann Löffel, Gabel und Messer einfordern – weil sie es von den Erwachsenen so kennen, weil sie
uns nachahmen möchten und dazugehören wollen. Wir müssen sie nicht ermahnen, nun endlich mal anständig zu essen.
Sie werden es von ganz allein tun, wenn wir es ihnen vorleben.

Natürlich gehört dazu, dass wir ihnen das Essen und die
Mahlzeiten gut vorbereiten, ihnen Spaß und Freude am Entdecken lassen und sie sanft auf diesem neuen Weg begleiten.
Der Familientisch ist kein Ort der Strenge, des Verbots oder
Zwangs. Er ist ein Ort, an dem sich die Familie trifft, sich austauschen kann, Essen teilt und darüber spricht. Für Kinder
wird er nach und nach von einem Ort des Spielens und Er-
kundens zu einem sozialen Ort, einem Platz des Wohlbeha-
gens. Das Bedürfnis nach Hunger und Durst wird hier gestillt,
gemeinsam werden Entscheidungen getroffen und Wünsche
respektiert.

Hier am Familientisch ist es auch möglich, das Kind in Ruhe
zu beobachten und zu sehen, wie es sich entwickelt hat: Wie
es vom Stillkind, das beim gemeinsamen Essen der Eltern mit
auf dem Schoß saß und das Essen der Eltern beobachten durf-

te, irgendwann dazu überging, nach dem Essen zu greifen. Irgendwann bekam es seinen eigenen Platz am Tisch, einen eigenen Stuhl. Es durfte vom Teller essen und die Dinge benutzen, die die ganze Familie am Tisch nutzt. Es lernte, nicht nur das Essen zum Mund zu führen, sondern auch ein Glas selbst zu halten, wie die anderen am Tisch. Es durfte Erfahrungen mit Besteck machen und sich mit einer Serviette den Mund abwischen. Es konnte irgendwann teilhaben an der Essenszubereitung, durfte Teig kneten, Tomaten zerkleinern oder Salat waschen. Und eines Tages können Eltern das Klappern aus der Küche hören, wenn das Kind zum ersten Mal allein versucht, eine Mahlzeit herzurichten und den Tisch zu decken. Kinder wollen all dies, es ist ihr Weg, auf dem wir sie begleiten und unterstützen.

Die Ernährung der Eltern

Wenn wir unsere Kinder an unserem Essen beteiligen und ihre Signale beachten, rückt natürlich auch die Ernährung der Eltern in den Blick. Dies umso mehr, wenn wir davon ausgehen, dass Kinder von Anfang an die Entscheidung, was sie essen wollen, mittragen dürfen. Denn wenn wir unseren Kindern dieses bedürfnisorientierte Angebot machen, müssen wir auch Sorge dafür tragen, dass sie aus einem guten Angebot auswählen können. Gerade am Anfang der Elternzeit ist dies nicht so einfach, denn viele Eltern müssen sich erst auf den neuartigen Alltag einstellen. Manchmal braucht es ein paar Monate, bis sie sich auch wieder gut um sich selbst kümmern, für sich kochen und Zeit haben, in Ruhe Mahlzeiten auszuwählen und einzukaufen.

Häufig ist zu beobachten, dass durch die Kinder eine Umstellung und größere Sensibilität in Bezug auf die Nahrung eintritt: Eltern kaufen mehr Bioprodukte und achten im Alltag auf

eine ausgewogenere Ernährung. Gerade in Bezug auf den Ver-
zehr von Obst und Gemüse sind sie für ihre Kinder Vorbilder
und sollten ihnen hier mit gutem Beispiel vorangehen. Das bedeutet, dass auch sie am Vor- oder Nachmittag lieber Obst und
Gemüse essen sollten anstatt beispielsweise ein Stück Kuchen.
Doch auch diese süßen Speisen haben ihre Berechtigung: Zu
starke Einschränkungen können langfristig eher das Gegenteil
bewirken und führen zu einem noch größeren Wunsch der Kinder, Süßigkeiten vielleicht auch heimlich zu essen. Es ist daher
wichtig, sich als Elternteil in seinem eigenen Verhalten zu beobachten und den Kindern einen ausgewogenen Ernährungs-
alltag vorzuleben und anzubieten.

Körperpflege – eine Zeit
des Miteinanders

Die Körperpflege unseres Kindes ist gerade im ersten Lebensjahr eine der Aufgaben, mit der wir Eltern sehr viel Zeit verbringen: Es werden Windeln gewechselt oder das Baby wird
abgehalten, es wird gebadet, gewaschen, es werden erste Zähne geputzt. Es wird gecremt oder mit Öl massiert. Oft sind wir
uns der Bedeutung dieser Momente und ihres tatsächlichen
Anteils am Alltag nicht bewusst: Es sind Handlungen, die eben
sein müssen oder die nach unserem Gefühl zwischendurch
stattfinden. Zwischen Frühstück und Anziehen geht man ins
Bad. Doch achten wir im Alltag einmal auf die Zeit, die wir
wirklich mit diesen vielen Momenten verbringen, wird deutlich, dass Körperpflege einen großen Anteil unserer täglichen
Interaktion mit dem Kind einnimmt. Selbst bei Kindern, die
schon dem Windelalter entwachsen sind, ist sie ein wesentli-
cher Bestandteil des Tages. Drehen wir deswegen einmal die
Perspektive um und nehmen die Körperpflege nicht nur als

notwendige Aufgabe wahr, sondern als bewussten Moment des Miteinanders, in dem wir Beziehung gestalten.

Achtsamer Umgang mit Ausscheidungen

Mit dem Windelwechseln verhält es sich wie mit vielen anderen Dingen auch: Eltern erfahren vor der Geburt des Kindes mehrheitlich, dass es eine wirklich unschöne Aufgabe sei. In Filmen wird das Wechseln von Babywindeln entweder durch »Unfälle« lustig oder eklig dargestellt. Windelwechseln, so werden künftige Eltern geprägt, sei keine angenehme Sache. Mit spitzen Fingern gehen daher viele an die erste Babypflege heran.

Doch das muss nicht sein. Babypflege kann nämlich ein wunderschöner Moment des Miteinanders sein – auch wenn Windelinhalte entsorgt werden müssen. Denn zunächst können wir uns fragen, was wir unserem Kind mitteilen, wenn wir so negativ und angeekelt mit seinen Körperausscheidungen und dem kindlichen Genitalbereich umgehen. Natürlich sieht das Kind unseren Gesichtsausdruck, spürt die körperliche Anspannung, wenn wir eine unliebsame Aufgabe tätigen müssen, und hört im Tonfall unserer Stimme heraus, ob wir ärgerlich oder sanftmütig sind – auch wenn es die Worte selbst noch nicht versteht. Was wir unseren Kindern von Anfang an am besten über ihren Körper mitteilen sollten, ist, dass es ihn zu achten und wertzuschätzen gilt. Den gesamten Körper – und nicht nur bestimmte Teile davon. Das Kind soll ein natürliches und entspanntes Verhältnis zu seinen eigenen Körperfunktionen entwickeln und sich nicht selbst davor ekeln. Solche früh erlernten Denkmuster können nämlich auch später den Umgang mit den eigenen Ausscheidungen negativ beeinflussen. Damit wäre uns als Eltern wenig geholfen, wenn unsere Kinder selbst ihr Bedürfnis, auf die Toilette gehen zu müssen, als eklig oder unangenehm betrachten. Schließlich ist gerade dies auch ein Ziel für das Größerwerden: dass das Kind selbstständig seine Bedürfnisse wahrnimmt und passend darauf reagiert.

Zunächst müssen wir uns also von dem Gedanken befreien, dass die Windelinhalte irgendwie abstoßend seien. Natürlich muss die Beseitigung von Pipi und Kacka nicht zur Lieblingsbeschäftigung werden, aber ein normaler und möglichst wertfreier Umgang damit ist hilfreich. Das betrifft auch den Sprachgebrauch und den Umgang mit den tatsächlichen Inhalten: Heben wir ein Baby hoch, riechen laut vernehmlich an seinem Po und sagen Sätze wie »Mann, das stinkt, da hat sich ja wieder jemand vollgekackt«, ist das wenig einfühlsam. In der gleichen Situation könnte man dem Kind auch sagen: »Ich rieche, dass deine Windel voll ist und gebe dir gern eine frische Windel, damit du dich wieder wohlfühlst.« In diesem Satz ist ein wichtiges Element enthalten, dem wir bei der Körperpflege von Babys und Kleinkindern immer Aufmerksamkeit schenken sollten: Kein Mensch möchte nämlich gern in seinen Ausscheidungen sitzen. Keiner: Kein alter Mensch möchte in einer vollen Windel liegen und ebenso wenig ein Baby. Es ist ein natürliches Verhalten, sich von seinen Exkrementen zu befreien oder diese so zu tätigen, dass man sie nicht mit sich herumtragen muss.

Zwar gibt es heute auslaufsichere Windeln mit hochleistungsfähigen Superabsorbern, die maximal Flüssigkeit binden können, doch führen uns diese Windeln vom eigentlichen Bedürfnis des Babys nach einem sauberen Körper weg und unterwandern auch das Gefühl für die eigenen Ausscheidungen: Kinder spüren durch diese Hochleistungswindeln nicht mehr, dass sie Urin abgegeben haben. Dies kann später, wenn wir sie von den Windeln entwöhnen möchten, zu einer längeren Übergangsphase führen, in der sie erst wieder ein Gefühl dafür entwickeln müssen. Ein achtsamer Umgang mit Körperausscheidungen bedeutet daher, das Baby nach Möglichkeit dann zu wickeln, wenn es auf die ein oder andere Weise in die Windel gemacht hat, oder zumindest häufig die Windeln zu wechseln.

Auch eine längere Zeit des Nacktseins und die Möglichkeit, in dieser Zeit ganz frei Pipi machen zu dürfen, genießen und nutzen Kinder gern. Viele Eltern erfahren im Laufe der Zeit, dass ihre Babys gern genau dann ihre Blase entleeren, wenn sie von der Windel befreit wurden und die Möglichkeit haben, sich ohne Hindernis oder rücknässendes Material zu erleichtern. Dieser Umstand kann wunderbar in die tägliche Pflege eingebunden werden – eine Windelfrei-light-Version sozusagen.

Vorteilhaft am häufigen Windelwechsel ist auch, dass man nicht auf die besonders teuren Windelmarken zurückgreifen muss, denn eine einfache Windelfüllung fangen auch die günstigen Windeln ausreichend gut auf. Noch umweltschonender und auch preislich vorteilhafter ist natürlich die Verwendung von Stoffwindeln. Sie ermöglichen nicht nur, dass das Baby seine Ausscheidungen spürt und dadurch auch auf sie aufmerksam machen kann, sondern sind oftmals viel hautverträglicher als Wegwerfwindeln: Die zarte Babyhaut wird mehr belüftet, die Wahrscheinlichkeit für die Entstehung von Pilzinfektionen wird gesenkt. Untersuchungen zufolge führt zudem die luftundurchlässige Plastikhülle von Wegwerfwindeln zu einem Temperaturanstieg im Inneren, der sich negativ auf die spätere Fruchtbarkeit männlicher Babys auswirken könnte.[32] Stoffwindeln haben daher sowohl in Bezug auf den achtsamen Umgang mit den Ausscheidungen als auch im Hinblick auf die Gesundheit und die ökologischen Faktoren einige Vorteile. Doch auch hier sei gesagt: Achtsame Babypflege ist auch mit Wegwerfwindeln möglich, wenn Eltern auf die Signale ihres Kindes achten und zugunsten der Körperpflege tägliche Zeiten an der frischen Luft ohne Windeln einbauen.

Windelfrei

Optimal gelebt werden kann der achtsame Umgang mit den kindlichen Ausscheidungen, wenn man sich dafür entscheidet, das Baby abzuhalten, und auf diese Weise windelfrei oder windelarm durch die Babyzeit kommt. Der Gedanke an eine »windelfreie« Zeit klingt für uns hier und heute zunächst einmal sehr fremd. Schauen wir jedoch zurück und sehen, dass in Deutschland erst 1973 die erste Wegwerfwindel auf den Markt kam, stellt sich schon die Frage, wie es eigentlich früher gemacht wurde. Blicken wir zudem auf andere Kulturen, sehen wir, dass dort auch heute noch mehrheitlich mit Stoffwindeln oder ganz ohne Windeln gelebt wird. Möglich ist dies, weil Kinder – wie schon erwähnt – ihre Ausscheidungen nicht mit sich herumtragen möchten und zudem signalisieren, wenn sich das entsprechende Bedürfnis ankündigt.[33] Folgende Faktoren müssen ineinander spielen damit das Baby schon von Anfang an über der Toilette abgehalten werden kann: das Baby signalisiert seine Bedürfnisse, die Bindungspersonen nehmen sie wahr und reagieren darauf, und das Baby entwickelt die Fähigkeit, sich selbst je nach Situation unterschiedlich deutlich auszudrücken und das Bedürfnis nach und nach kurz aufzuschieben.

Wir sprechen davon, dass Eltern mit ihrem Kind »Elimination Communication« betreiben: Kommunikation über die Ausscheidungen. Dies ist möglich, weil sie die Signale des Babys wahrnehmen, also in seine Sprache eintauchen und sie verstehen lernen. Es ist eine ganz besonders ausgeprägte Form des Eingehens auf die kindlichen Bedürfnisse und kann die Interaktion und Beziehung sehr bereichern. Achtsame Körperpflege findet sich hier in ihrer höchsten Ausprägung.

»Windelfrei« ist dabei oft irreführend, denn tatsächlich werden auch hier oft Windeln als »Backup« verwendet: Das Baby trägt eine Windel, wird bei Signalen aber abgehalten. Sollte doch einmal nicht schnell genug reagiert werden oder ein Signal übersehen werden, fängt die Windel alles auf. Wer sich für diesen Weg entscheidet, muss das Baby auch nicht bei Wind und Wetter nackt sein lassen. Mittlerweile gibt es auch hier zahlreiche Hilfsmittel, angefangen von Splitpants über passende Auffangbehältnisse wie dem Asiaschälchen bis hin zu Stoffwindeln. Insgesamt ist es durch diese besondere Form der gemeinsamen Kommunikation möglich, dass das Baby von Anfang an viele Ausscheidungen in die Toilette geben kann oder in entsprechende Töpfchen. So wird ihm sein natürliches Gefühl dafür, nicht in eine Windel machen zu wollen, nicht erst durch Gewöhnung aberzogen, und man muss ihm nicht ein paar Jahre später langsam beibringen, dass es nun eben nicht mehr in die Windel machen soll. Es lernt vielmehr von Anfang an, seinen körperlichen Signalen zu vertrauen und durch Zeichen an die Bindungspersonen auf sein Bedürfnis aufmerksam zu machen, sodass es berücksichtigt werden kann. So kann dieses uns erst einmal fremd vorkommende Konzept zu einer wirklichen Bereicherung in der Interaktion und Kommunikation werden.

Wickeln muss kein Kampf sein

Doch auch wer sich nicht für eine windelfreie Zeit und Ausscheidungskommunikation entscheidet, kann mit seinem Kind ins Gespräch kommen und die Wickelsituationen zu einer Zeit des Austauschs und der angenehmen Interaktion werden lassen. Denn selbst wenn wir nicht merken, dass das Kind bald in die Windel machen möchte, sehen wir zumindest meistens durch Gestik oder Mimik, wenn es gerade beim großen Geschäft ist. Um es von dessen Ergebnissen zu befreien, können wir es ansprechen, das Geschehen verbalisieren und ihm mitteilen, dass es nun eine frische Windel bekommt.

Oft wird davon gesprochen, dass das Wickeln eines größeren Kindes zu einem Machtkampf wird: Die Bedürfnisse der Eltern, die das Kind möglichst schnell und unkompliziert säubern wollen, stehen mit dem Bedürfnis des Kindes, sich zu bewegen und aktiv zu sein, in Konflikt. Statt eines Miteinanders wird die Pflegesituation zu einem Gegeneinander, das schließlich beide Seiten erschöpft. Deswegen ist es von Anfang an wichtig, wie wir die Wickelsituation gestalten.

Wie auch schon bei der Schlafsituation ist die Umgebung wichtig. Beim Wickeln steht die Pflege des Kindes im Vordergrund und die Interaktion zwischen Kind und Erwachsenem. Das Kind braucht kein Mobile, das es von der Situation ablenkt, es braucht kein Spielzeug am Wickelplatz. Das Wickeln allein ist Spiel und Aufregung genug. Wie auch der Schlafplatz sollte der Wickelplatz reizarm gestaltet sein, damit sich das Kind auf die Interaktion einlassen kann. Ist es schon mobiler und steht lieber beim Windelwechsel, kann auch dies berücksichtigt werden. Die speziellen Pikler-Wickeltische mit hohem Rand zum Festhalten können hier eine Bereicherung sein – oder auch ein reizarmer Platz am Boden.

Die ungarische Ärztin Maria Vincze schreibt über beziehungsvolle Pflege am Wickeltisch: »Es ist unsere innere Haltung, die die Situation gestaltet.«[34] Wir müssen kein Reinigungsprogramm an unserem Kind ablaufen lassen, sondern sollten es mit seinen Bedürfnissen wahrnehmen. Wir begleiten es bei der Reinigung mehr, als dass wir etwas an ihm tun. Sowohl mit Worten und der Ankündigung jedes Schritts, als auch durch bewussten Einbezug können wir das Kind an der Körperpflege teilhaben lassen: Haben wir das Baby erst einmal entkleidet, möchte es sich vielleicht zunächst nackt erfahren. Schließlich haben Kinder nur selten die Möglichkeit, ihren Körper nackt zu spüren. Für diese Momente sollte immer ausreichend Zeit eingeplant werden. Denn selbst wenn wir denken, dass diese Art der Pflege viel Zeit in Anspruch nimmt, ist das Wickeln und Pflegen gegen den Willen eines Kindes nicht nur anstrengender, sondern oft genauso zeitaufwändig. Auch können wir einplanen, dass das größere Kind sich vielleicht selbst entkleidet, mit einem Tuch selbst reinigen möchte oder Creme auf den Beinen verteilt. Dadurch, dass wir die Bedürfnisse des Kindes berücksichtigen, fühlt es sich mit uns verbunden und lernt, dass es von uns gehört wird. Reagieren wir auf die Handlungen und Äußerungen des Kindes, spiegeln wir seine Wünsche wider und auch es selbst lernt dadurch zu spiegeln. Eine Interaktion entsteht, ein Miteinander.

Wir alle genießen als Erwachsene Momente der achtsamen Körperpflege: wenn wir beispielsweise aus dem Bad steigen und Zeit haben, uns einzucremen und unserem Körper etwas Gutes zu tun. Genauso können es auch Babys und Kinder genießen. Für die Pflegemomente sollte daher immer Zeit eingeplant werden. Natürlich gibt es ab und an Situationen, in denen es schnell gehen muss. Oder solche, in denen es dem Kind nicht gut geht oder man selbst nach einem stressigen Tag erschöpft ist. Dann ist es gut, sich diese Anstrengungen vor Augen zu führen und vielleicht auch einfach beim Wickeln zu benennen. Die Regel sollte aber der achtsame und entspannte Umgang sein – ob nun mit Stoff- oder Wegwerfwindel. Auf diese Weise lässt sich nicht nur viel Stress und Anstrengung ersparen, sondern auch in dieser täglich so oft vorkommenden Routinesituation die Beziehung pflegen und unterstützen.

Streicheleinheiten für Körper und Seele

Natürlich zählt nicht nur das Wickeln zur Körperpflege des Kindes. Auch Baden, Duschen, Waschen, Zähneputzen und Eincremen oder das Ölen bei der Babymassage gehören dazu. Viele dieser Momente können wie das Wickeln als achtsame Begleitung und liebevolle Unterstützung der Bindung betrachtet werden. Gerade am Anfang benötigt das Baby den Sicherheit vermittelnden Hautkontakt, durch den endogene Endorphine wie Oxytocin freigesetzt werden. Hierdurch wird, wie schon beschrieben, Bindung unterstützt. Auch alle berührenden positiven Körpererfahrungen können deswegen ein guter Begleiter der sicheren Bindung sein. Untersuchungen haben gezeigt, wie sehr besonders zu früh geborene Kinder von Massagen, Streicheleinheiten und positivem Körperkontakt profitieren: Schon eine Massage von 15 Minuten dreimal täglich führt zu besserer Gewichtszunahme, besseren motorischen Reaktionen, weniger Stressverhalten und früherer Krankenhausentlassung. Die massierenden Mütter dieser Frühchen zeigen weniger depressive Stimmungen, weniger Angst, und es ergibt sich insgesamt eine bessere Mutter-Kind-Interaktion.[35]

Positive, feinfühlige Berührung ist daher immer mehr als »nur« Körperkontakt und Pflege. Mit einer Massage des Babys oder Kindes können wir über die Haut die Gefühlswelt pflegen und Einfluss auf die körperliche Gesundheit nehmen. Gerade wenn die Kinder größer werden und es manchmal schwierig ist, mit ihnen ins Gespräch zu kommen, wenn sie von Kindergarten, Schule oder Freunden nicht berichten wollen, öffnet eine entspannende, Nähe fördernde Massage manchmal auch wieder das Tor zum gemeinsamen Dialog oder hilft zumindest dort, wo Worte fehlen.

Familien müssen mobil sein – aber wie?

Mobilität ist für Eltern wichtig: Selbst in größeren Städten wohnen wir heute oft vereinzelt, haben nicht unbedingt Kontakt zu unseren Nachbarn, aber zu Freunden, die einige Straßen weiter wohnen. Oder wir besuchen mit unseren Kindern Kurse, um neue Kontakte dazuzugewinnen. Wir gehen einkaufen, besuchen vielleicht weiter weg wohnende Familienangehörige, machen Sport, haben Wege zur Schule mit unseren größeren Kindern zurückzulegen. Es ist wichtig, dass Eltern mit ihren Kindern mobil sind, damit sie das so wichtige soziale Netzwerk pflegen oder aufbauen können, das alle Eltern brauchen. Doch gerade bei der Mobilität in den Städten stellt sich schnell die Frage: Was ist eigentlich wirklich gut für das Kind? Wie kann ich ein noch kleines Baby vor zu vielen Reizen schützen? Auch die Fortbewegung hat in diesem Sinne etwas mit Geborgenheit zu tun. Und selbst dann, wenn das Kind schon größer ist, kann ein naher Körperkontakt in so manch angespannter Situation unterwegs hilfreich sein und die Beziehung unterstützen.

Ein Baby zu tragen ist mehr als Fortbewegung

Monatelang wurde das Baby im Bauch der Mutter getragen, es wurde sanft gewiegt und hat Wärme, Nähe und Geborgenheit gespürt. Die Welt, in die es hineingeboren wurde, unterscheidet sich in vielerlei Hinsicht von der, die es bisher kannte. Dies insbesondere, wenn wir das Kind nach der Wochenbettzeit mit hinaus aus der Wohnung nehmen, und es dort den Straßenlärm oder gar die Neonbeleuchtung der Supermärkte ungefiltert erfährt. Diese unterschiedlichen Reize können zusammen – oder auch jeder für sich – das Kind überfordern. Es ist besonders in der ersten Zeit darauf angewiesen, dass solche Einflüsse durch die Bindungsperson reguliert werden, da die Selbstregulation noch nicht ausreichend ausgebildet ist. Das bedeutet: Es kann sich selbst noch nicht vor zu vielen Reizen schützen und schaut gebannt immer wieder auf bunte Farben, Formen und Licht – auch wenn es so viel davon nicht gut verarbeiten kann.

Was viele Eltern für ein Interesse des Kindes halten, ist eher die Unfähigkeit, sich von den Reizen abzuwenden. Die Aufgabe der Bindungsperson ist es, das Baby auf der einen Seite vor zu vielen Reizen zu schützen (und vielleicht einen Besuch in einem Shoppingcenter erst einmal aufzuschieben) und auf der anderen Seite bei einer Überforderung auch wieder zu beruhigen. Ein schreiendes und überreiztes Baby, das kennen wir alle, lässt sich nicht durch bloße Worte beruhigen. Es braucht mehr, um mit einer solchen Situation umgehen und wieder zur Ruhe kommen zu können. Ein schreiendes Baby braucht immer Körperkontakt, um sich wieder sicher zu fühlen. Wird es getragen, werden die Hormone ausgeschüttet, die uns schon aus anderen positiven, körpernahen Berührungserfahrungen bekannt sind: Durch sie wird das Baby beruhigt, Schmerzen und Überforderung werden gemindert. Das Baby spürt: Meine wichtigste Person ist mir nah, ich bin nicht allein. Ich bin geschützt, und mir kann nichts passieren.

Tragen ist daher insbesondere für die erste Zeit eine sehr gute Möglichkeit, um das Baby zu schützen und auf dem Weg zum Kennenlernen der Welt zu begleiten. Dadurch, dass es Beruhigung und Zuwendung erfährt, wird wiederum die Bindung gestärkt. Unterwegs ist das Tragen daher ein ideales Mittel, um das Kind von vornherein vor zu vielen Reizen zu schützen und es gleichzeitig durch die positiven Seiten des Tragens zu beruhigen. Betrachten wir diese Aspekte, ist – von physiologischen Gründen (siehe unten) abgesehen – auch klar, dass das Baby nicht mit dem Gesicht nach vorn getragen werden sollte, wodurch es eben gerade nicht die schützende Funktion und den Rückzugsaspekt des Tragens wahrnehmen kann.

Doch auch über die erste Zeit hinaus und sogar in den eigenen vier Wänden ist das Tragen von Babys und kleinen Kindern sinnvoll: Der menschliche Säugling wird einem Jungentypus zugeordnet, der einen ständigen sicherheitsgebenden

Körperkontakt zu seiner Bezugsperson benötigt, der auf diese Weise überallhin mitgenommen werden will und in diesem geschützten Rahmen reichhaltige Stimulation erfährt.[36] Denn das Baby ist am Körper der Bezugsperson nicht nur geschützt und behütet, es kann auch bei Bedarf die Umwelt erkunden und mehr Erfahrungen sammeln, als wenn es nur abgelegt in einem Wagen oder Bett wäre. Es hat in dieser Position einen guten Überblick und je nach Trageweise und Alter die Möglichkeit, mit den Händen Dinge zu berühren oder an Aktivitäten teilzuhaben. Es kann aus einem geschützten Raum heraus die Welt erkunden und sich bei Bedarf jederzeit wieder an den liebevoll schützenden Körper zurückziehen.

Insbesondere der Humanethologin Dr. Evelin Kirkilionis ist es zu verdanken, dass auch die physiologischen Vorteile des Tragens unter Berücksichtigung der menschlichen Bedürfnisse bekannt wurden: Sie bezeichnet das Baby als aktiven Tragling, der von sich aus anatomisch und physiologisch an den »Sitz« auf der Hüfte eines Erwachsenen angepasst ist, indem er sowohl beim Hochheben als auch im Liegen eine angehockt gespreizte Beinhaltung einnimmt (Spreiz-Anhock-Haltung). Auch Wirbelsäule und Becken sind an das Getragenwerden angepasst, sodass sich das Tragen positiv auf die körperliche Entwicklung auswirkt, da die Beinhaltung beim Hüftsitz die Entwicklung der knorpeligen Hüftgelenksstrukturen begünstigt und der Oberschenkelkopf ideal in die Hüftgelenkspfanne eingepasst wird. Auf diese Weise ist das Tragen eine Vorbeugung gegen Hüftdysplasie.[37]

Nicht nur das Kind genießt bei dieser Art des Zusammenseins und der Beförderung Vorteile, sondern auch die tragende Bezugsperson: Stillende Mütter können das Baby unterwegs bei Bedarf diskret anlegen, nicht stillende Mütter und auch Väter können auf diese Weise körpernah füttern. In Großstädten erweisen sich Tragetücher oder -hilfen zudem oft als stressfreiere Variante, die die Bewegung mit öffentlichen Verkehrsmitteln einfacher macht, weil so keine Kinderwagen in Busse oder Bahnen gehoben oder S- und U-Bahntreppen hinauf- und hinuntergetragen werden müssen. Der Alltag wird auf diese Weise erleichtert.

Auch zu Hause kann eine Trage eine hilfreiche Unterstützung sein, wenn das Kind die Eltern auf diese Weise bei der Hausarbeit begleiten kann und die gemeinsame Nähe genießt, oder auch wenn Eltern mit einem älteren Geschwisterkind aktiv Zeit verbringen können, während das Baby ruhig auf dem Rücken schläft.

Wie auch das Stillen war das Tragen bei uns recht lange aus dem öffentlichen Blickfeld verschwunden und hat sich erst in den letzten Jahren wieder verstärkt gezeigt. Wer noch gar keinen Kontakt zu tragenden Eltern hatte, schreckt vielleicht vor einem Tuch, das auf den ersten Blick kompliziert um den Körper gebunden werden muss, zurück. Glücklicherweise gibt es neben Onlinevideos und bebilderten Bindeanleitungen mittlerweile vielerorts Trageberaterinnen, die Eltern verschiedene Bindemethoden zeigen und auch ein größeres Angebot an Vorführmodellen einfacher Tragehilfen haben, die das Ganze unkompliziert machen. Eine solche Beratung kann für junge Eltern eine wunderbar hilfreiche Unterstützung sein und für eine lange glückliche Tragezeit des Kindes sorgen. Denn wie beim Stillen gilt: Getragen werden kann auch nach dem ersten Lebensjahr so lange, wie Eltern und Kind das wünschen.

Kinderwagen: ja, nein, ein bisschen?

Der Transport von Kindern in extra dafür vorgesehenen Hilfsmitteln, entfernt vom Körper der Bindungsperson, ist in der Menschheitsgeschichte noch recht jung und eigentlich nicht an die Bedürfnisse des Säuglings angepasst. Zwar werden in anderen Kulturen auch Tragetiere zum Transport von Babys eingesetzt, doch ist die körperliche Nähe und Zuwendung der Bindungsperson eigentlich das, was für die kindliche Entwicklung am ehesten förderlich ist.[38] Tragetiere und Kinderwagen schaffen immer eine Distanz, die den direkten Austausch erschwert. Sowohl im Hinblick auf die körperliche als auch auf die emotional-psychische Entwicklung hat der Körperkontakt viele schon dargestellte Vorteile. Doch wir Eltern leben heute in anderen Situationen als die früher ausschließlich tragenden Erwachsenen oder die in anderen Kulturen noch immer tragenden Familienverbände: Zivilisationskrankheiten wirken sich auf unsere Haltung und den Gesundheitszustand unseres Rückens aus, die fehlende soziale Eingebundenheit bewirkt, dass wir viele Dinge des Alltags allein und ohne Hilfe bewerkstelligen müssen, wie zum Beispiel das Einkaufen von Lebensmitteln. Es gibt also Faktoren, die uns am ausschließlichen Tragen hindern können. Volle Einkaufstüten und ein Kind zu tragen, ist für einige Eltern eine Überforderung. Dies umso mehr, wenn vielleicht noch ein weiteres kleines Kind Aufmerksamkeit im Straßenverkehr erfordert. Die Unterstützung durch einen Kinderwagen kann deswegen hilfreich und entlastend sein – und eine Entlastung des Alltags kann sich wiederum positiv auf die Stimmung und Interaktion auswirken. Oder andersherum: Eine vom Einkauf erschöpfte Mutter mit Rückenschmerzen hat es schwerer, liebevoll auf die Bedürfnisse ihrer Kinder einzugehen.

Wenn wir unser Kind daher liebevoll ab und zu gemütlich schieben oder Großeltern oder Geschwisterkindern die Möglichkeit bieten, auf diese Weise das neue Familienmitglied zu versorgen und die Eltern so zu entlasten, kann ein Kinderwagen eine gute Unterstützung im Alltag sein. Eine zusätzliche Trage bietet sich dennoch aus den genannten Gründen an.

Wenn wir mit einem Kinderwagen jedoch draußen unterwegs sind, sollte das Baby die Möglichkeit haben, zumindest über seine Fernsinne die Bezugsperson wahrnehmen zu können, es sollte sie also hören und sehen können.

Wie auch beim Tragen gilt, dass das Baby vor zu vielen Reizen geschützt werden muss. Während es sich im Tragetuch beruhigend an den Körper der Bindungsperson kuscheln kann, kann es in einem offenen Wagen den Reizen zu sehr ausgeliefert sein. Das Baby sollte deswegen auf keinen Fall vom Blick auf die Bindungsperson abgewendet fahren müssen, also nicht mit dem Gesicht nach vorn schauen – zumindest so lange nicht, wie es noch nicht selbstständig läuft und dabei die gleiche Erfahrung macht.

Auch die Körperhaltung im Kinderwagen ist wichtig: Wie wir gesehen haben, ist das Baby daran angepasst, getragen zu werden, damit es sich auch körperlich richtig entwickelt. In einem Kinderwagen kann es die eigentlich richtige Haltung weniger gut einnehmen. Das Konzept des »Kinaesthetik Infant Handling«[39] empfiehlt für eine entspannte Rückenlage des Babys eine sanfte Unterstützung durch ein dreifach gefaltetes Handtuch, wobei der Kopf auf der höchsten Stufe des Handtuchs liegt, der Körper auf der zweiten und die Beine auf der untersten. Ein weiteres zusammengeknülltes Handtuch kann die Beine zusätzlich in ihrem Bedürfnis unterstützen, angezogen zu sein. Durch diese Lagerung wird der Gewichtsverlauf des Babys im Rahmen der Schwerkraft unterstützt, die Muskeln können sich entspannen und das Kind kann ruhiger liegen.

Absolut nicht geeignet für die Fortbewegung von Babys sind Autoschalen. Weder sollten sie darin über längere Strecken getragen werden (was sich auch sehr negativ auf die Körperhaltung der tragenden Person auswirkt), noch sollten sie darin wie in einem Kinderwagen herumtransportiert werden, wenn die

Schalen auf entsprechende Gestelle montiert sind. Die Körperhaltung in einem solchen Autositz ist – wie auch in Babywippen – nicht gut für die kindliche Entwicklung und kann bei längeren Aufenthalten sogar zu Haltungsschäden führen. Daher sollten Eltern, die ihr Baby öfters im Auto befördern müssen, auf jeden Fall eine Tragehilfe mitnehmen, um das Baby nach der Fahrt für den weiteren Transport nicht in der Autoschale bewegen zu müssen.

Geborgen unterwegs – so geht es

- ◇ Wann immer möglich, sollten Tragetuch oder Tragehilfe verwendet werden – draußen und auch zu Hause.
- ◇ Kinder sollten nicht mit dem Gesicht nach vorn getragen und im Kinderwagen nicht mit dem Gesicht nach vorn geschoben werden.
- ◇ Babys sollten immer vor Reizen geschützt werden.
- ◇ Beim Schieben im Kinderwagen ist es gut, wenn dem Kind zumindest der Kontakt über die Fernsinne ermöglicht wird.
- ◇ Durch eine Drei-Stufen-Lagerung mithilfe eines Handtuchs (Kinaesthetik Infant Handling) ist eine angenehme Lagerung des Babys in Rückenlage möglich.
- ◇ Möglichst keine Autobabyschalen für längere Transporte außerhalb des Autos nutzen. Nimm immer ein Tragetuch oder eine Tragehilfe mit.
- ◇ Kinder, die schon laufen können, brauchen auch die Möglichkeit, zu laufen.

Selbstständige Fortbewegung

Tragen und Schieben sind Bewegungshilfsmittel für Kinder, solange sie noch nicht selbstständig laufen. Dies müssen wir uns im Alltag immer wieder vor Augen führen, besonders auch dann, wenn die Kinder mit dem Laufen beginnen. Denn: Wir sind mit Tragetuch und Kinderwagen schneller als mit einem frisch selbstständig aktiven Kind. Gerade in unserer schnelllebigen Welt, wenn wir »noch schnell in den Supermarkt hüpfen« oder »mal kurz ins Café reinspringen« wollen, bleibt für die langsamen Gehversuche eines kleinen Kindes manchmal keine Zeit, denken wir. Doch es ist wichtig, dass sich das laufen lernende Kind selbst erproben kann. Es lernt nach und nach, wie es sicher einen Fuß vor den anderen setzen kann. Es lernt, nicht zu stolpern, über Bordsteine zu hüpfen und zu balancieren. All das erfährt es gut draußen, wenn es die Möglichkeit und die Erlaubnis bekommt, zu laufen.

Wir lesen häufig vom Bewegungsmangel der Kinder oder einem Unwillen, sich zu bewegen. Diese Probleme haben ihren Ursprung nicht nur in Fernseher, Spielekonsole und Computer. Sie kommen auch daher, dass wir unseren Kindern die Freude an der freien Bewegung manchmal schon früh nehmen, wenn wir sie sich eben nicht ausprobieren lassen, wenn wir sie in ihrer Bewegungsfreiheit einschränken und ihnen durch unser eigenes Bedürfnis nach Schnelllebigkeit Bewegungsmöglichkeiten entziehen. Kinder dürfen und müssen von Anfang an die Erfahrung machen, dass Bewegung Spaß macht. Ein Spaziergang kann ein Wettrennen sein, eine Balanceakt, er kann auf Zehenspitzen stattfinden oder auch mal rückwärts erlaubt sein. Und dies nicht erst, wenn unsere Kinder so schnell laufen können wie wir selbst – denn das dauert sehr lange. Wir müssen ihnen die Möglichkeit geben, sich selbst zu erproben, und ihnen eine Umgebung schaffen, in der sie die Feinheiten des

Laufens und auch die Ausdauer trainieren können. Auf diese Weise lernen sie auch, ihre eigenen Fähigkeiten einzuschätzen und irgendwann mitzuteilen, wie lang sie laufen können und wann sie erschöpft sind. Setzen wir sie von Anfang an immer sofort in den Kinderwagen oder tragen wir sie ausschließlich, schränken wir sie nachhaltig ein und berauben sie der Freude an der Bewegung und der Erfahrung von Erschöpfung und anschließender Ruhe. Tuch, Trage oder Kinderwagen sind deswegen gute Begleiter, sollten aber kein Ersatz sein für die eigenen Beine, die einmal laufen gelernt haben.

*Verwöhnen, Grenzen setzen
und das familiäre Umfeld*

Eines der großen Themen in der Erziehung, auch wenn es um das schlechte Gewissen und die Bewertung durch andere geht, ist das Verwöhnen unserer Kinder. Während Erziehung in früheren Generationen auf Abhärtung und Gehorsam ausgerichtet war, um folgsame Kinder und gehorsame Erwachsene zu formen, sehen unsere Gegenwarts- und Zukunftsziele heute ganz anders aus. »Verwöhnen«, das hören wir heute an vielen Stellen, gibt es gar nicht, oder es ist zumindest nicht negativ gemeint. Und dennoch müssen wir uns auf der anderen Seite immer wieder den Vorwürfen stellen, wir würden unsere Kinder zu sehr verwöhnen, sie verweichlichen oder zu sehr an uns binden.

Erziehung zu … was eigentlich?

Wenn wir als Eltern darüber nachdenken, was Verwöhnen eigentlich ist oder wie wir das Familienleben gestalten und welche Werte wir unserem Kind vermitteln wollen, stellt sich immer eine Frage: Was ist eigentlich unser Ziel? Was ist uns wichtig? Welche Eigenschaften wollen wir vermitteln und was auf keinen Fall? Die Antworten darauf hängen sehr eng damit zusammen, welches größere Ziel die Eltern oder sogar die Gesellschaft allgemein mit »Erziehung« verfolgen: Sollen die Kinder in der Gesellschaft funktionieren, sollen sie später bestimmte Aufgaben erfüllen und eher angepasst und folgsam sein? Oder ist das Ziel, unabhängige, frei denkende Menschen für die Zukunft hervorzubringen? Ziele von Eltern und Ziele der Gesellschaft variieren weltweit. Wir wünschen uns hierzulande besonders freie, kreative und unabhängige Kinder, die eine bessere Zukunft ermöglichen sowie ein liebevolleres Miteinander voll Respekt und Empathie. Dies ist ein wunderbares Ziel für eine gute und friedvolle Zukunft. Deswegen ist es uns so wichtig, dass wir von Anfang an besonders feinfühlig mit unseren Kindern umgehen und sie liebevoll begleiten, sodass sie eben solche Menschen sein können. Sie sollen ein Leben ohne Druck, ohne Angst und ohne starre Erwartungshaltungen kennen und selbst leben. Wir wünschen uns, dass sie Liebe erfahren und diese später auch weitergeben. Wenn wir uns dies vor Augen führen, ist klar, dass man solche Ziele nicht mit Härte erreicht, sondern durch Einfühlung und Empathie.

Und noch ein anderer Umstand ist besonders wichtig, wenn wir an unsere persönlichen Ziele denken: dass es uns gut geht. Nicht nur unseren Kindern, sondern auch uns als Erwachsenen. Wir haben im letzten Kapitel gesehen, dass unser persönliches Glück uns auch die innere Weite ermöglicht, mit der wir unseren Kindern einen glücklichen Alltag schenken können. Besonders in der ersten Zeit entspannt es Eltern einfach, wenn das Baby entspannt ist. Und das Baby ist genau dann entspannt, wenn seinen persönlichen Bedürfnissen in fürsorglicher Weise entsprochen wird. Deswegen gilt: Ein »verwöhntes« Baby verwöhnt auch die Eltern. Eines der Familienziele sollte daher immer sein, dass es allen gut geht. Jetzt und in Zukunft. Die Erfüllung von einzelnen Bedürfnissen ebnet dafür den Weg.

Verwöhnen, was soll das sein?

Aus Sicht einer Generation, die ganz andere Erziehungsziele hatte, bedeutet jede Form des sensiblen, empathischen Umgangs miteinander schon Verwöhnen. Alles das, was die Bedürfnisse von Babys und Kindern in den Vordergrund stellt: Stillen oder Füttern nach Bedarf, Schlafen in Elternnähe, Tragen des Babys, überhaupt das Beachten der kindlichen Signale und die Ausrichtung des Alltags auf den kindlichen Rhythmus. Dies sind Aspekte von Elternschaft, die früher abgelehnt oder unterdrückt wurden aus Angst, das Baby könne zu sehr den Alltag bestimmen und mit seinen persönlichen Bedürfnissen die Erwachsenen zu seinen Sklaven machen. Früher sollte sich das Kind den Bedürfnissen und Rhythmen der Erwachsenen unterordnen – nicht andersherum.

Heute wissen wir, dass dies nicht nur den Bedürfnissen von Kindern widerspricht und anfangs (bis das Kind in gewisser Weise resigniert) auch sehr anstrengend für die Eltern ist, sondern auch langfristig negative Folgen für die Entwicklung hat. Aus Sicht der damaligen Eltern wird ein kompletter Richtungswechsel in der Erziehung natürlicherweise kritisch beäugt – schließlich brauchten Kinder dieses »Verwöhnprogramm« früher nicht, um aufzuwachsen. Und auch Eltern unserer Generation kann es schwerfallen, das Eingehen auf die Bedürfnisse des Kindes in den Vordergrund zu stellen und dabei zu akzeptieren, dass es bei ihnen selbst anders war und man ja »auch so groß geworden« ist. Dass einem Dinge fehlten, gibt man manchmal nicht gern zu.

Aus bindungsorientierter Perspektive sind all die genannten Dinge kein Verwöhnen, sondern einfach der normale, kindgerechte und die Bindung fördernde Umgang. Wir wissen aus persönlichen Erfahrungen und Studien, dass das Eingehen auf die kindlichen Bedürfnisse genau das ist, was Babys und Kinder benötigen, um gesund und geborgen aufwachsen zu können. Auf diese Weise werden sie zu psychisch und physisch gesunden Erwachsenen mit Urvertrauen und der Fähigkeit, sich sicher zu binden. Das Eingehen auf ihre Signale ist deswegen kein Verwöhnen, sondern sollte selbstverständlich sein oder es werden. Wir tun nichts Besonderes, wenn wir Bedürfnissen nachkommen, sondern nur das, was eben notwendig ist. Menschen werden dadurch, dass ihre Grundbedürfnisse erfüllt werden, nicht verwöhnt. Sie werden so behandelt, wie jeder Mensch behandelt werden sollte. Dies gilt für Babys wie für alle anderen auch.

Wurzeln und Flügel

Was andere oft als »verwöhnen« bezeichnen, wenn sie der Meinung sind, wir würden unsere Kinder falsch behandeln, meint eigentlich »verziehen«. Natürlich ist auch dies keine Bezeichnung, die in bindungsorientierter Elternschaft genutzt werden sollte. Denn schon das Wort »Erziehung« ist nicht wirklich passend, wenn wir unser gemeinsames Leben mit Kindern beschreiben, in dem wir ihren Bedürfnissen nachkommen und feinfühlig ihre Signale wahrnehmen.

»Verziehen« meint nun, dass wir sie in eine falsche Richtung wachsen lassen oder sie ungünstig verbiegen, anstatt sie »richtig zu biegen«. Doch wir biegen unsere Kinder nicht in irgendeine Richtung, wenn wir sie bindungsorientiert wachsen lassen, sondern geben ihnen die Möglichkeit, sich nach ihren Bedürfnissen und in ihrem Tempo in dem von uns gegebenen Rahmen zu entwickeln.

Natürlich können wir mit unserem Verhalten auch einen negativen Einfluss auf die kindliche Entwicklung nehmen. Dies passiert dann, wenn wir ihren Bedürfnissen nicht nachkommen. Zu diesen Bedürfnissen zählen jedoch nicht nur solche, bei denen wir Eltern bewusst etwas für die Kinder machen, sondern eben auch die, bei denen wir Eltern etwas unterlassen. Alle Eltern hören irgendwann den Spruch: »Zwei Dinge sollen Kinder von ihren Eltern bekommen: Wurzeln und Flügel.« Während uns die gesunden Wurzeln heute glücklicherweise immer leichter fallen, ist es viel schwerer, die Kinder auch fliegen zu lassen, losgelöst von uns. Und zwar nicht erst dann, wenn sie groß sind, sondern von Anfang an. Zu den Bedürfnissen von Kindern und auch schon Babys gehören nämlich auch Neugierde und Selbstwirksamkeit.

Flügel für kleinste Babys bedeuten, dass wir sie beispielsweise ein Spielzeug oder einen Gegenstand ganz allein erkunden lassen. Wir müssen ihnen nicht vormachen, dass eine Rassel rasseln kann oder welches Geräusch entsteht, wenn man einen Baustein auf den Fußboden oder auf eine Plastikschüssel schlägt – sie werden diese Dinge allein herausfinden und sich daran erfreuen. Wenn sie größer werden, müssen wir sie nicht hinsetzen und ihnen auch nicht beim Krabbelnlernen helfen, denn das wollen sie aus ihrem eigenem Bedürfnis heraus. Wenn sie unzufrieden sind mit ihrer Perspektive, dient die Unzufriedenheit als Motor dazu, etwas zu ändern. Setzen wir sie selbst hin oder stellen wir sie auf die Beine, nehmen wir ihnen den Antrieb und vermitteln ihnen das Gefühl, dass nur wir ihre Bedürfnisse befriedigen können. Sie werden unruhig und quengeln viel, weil sie immer unsere Aufmerksamkeit benötigen, damit wir ihnen helfen. Sie erfahren nicht, dass sie sich in vielen Situationen selbst helfen können. Kinder, die laufen lernen, dürfen auch fallen und lernen, wie man sich gut abrollt oder auffängt. Sie müssen das richtige Fallen lernen, um später schlimme Stürze zu vermeiden. Wenn wir sie als Kleinkinder aus Angst nicht in unserer Anwesenheit klettern lassen, werden sie im Kindergartenalter ohne Aufsicht ihr Glück versuchen und ohne Übung vielleicht weniger geschickt sein. Deswegen: Ja, wir können auch zu viel tun, wenn wir über das Bedürfnis unserer Kinder nach Autonomie hinwegsehen. Es ist keine bedürfnisorientierte Elternschaft, wenn wir unseren Kindern ihre Entwicklungsaufgaben abnehmen, und wir können ihnen mit einem Zuviel an Aufmerksamkeit schaden.

Zu sicher verbunden gibt es nicht

Das Fundament einer glücklichen Kindheit ist die sichere
Bindung. Sie entwickelt sich, wenn wir feinfühlig auf Signa-
le eingehen, das Kind beachten und seinen unterschiedlichen
Bedürfnissen nach Nähe, aber auch nach Autonomie nachkommen. Wir können uns die sichere Bindung als Waage vorstellen:
Auf der einen Seite sind alle Bedürfnisse, die wir mit Nähe und
Aufmerksamkeit erfüllen können, auf der anderen die Bedürfnisse des Kindes, die mit Autonomie verbunden sind. Für eine
sichere Bindung sollten beide Seiten im Gleichgewicht sein.
Nehmen wir zu viel Autonomie weg und füllen die andere
Seite aufgrund unserer eigenen Ängste mit mehr Nähe, geraten wir in ein Ungleichgewicht, das das Kind abhängig von
uns macht. Bettina Alberti bezeichnet dies als emotional-miss-
bräuchliche Bindungsbeziehung.[40] Nehmen wir zu viel von der
Nähe weg und überlassen das Kind sich selbst, kommen wir
in den Bereich der unsicheren Bindung. Ein Gleichgewicht auf
beiden Seiten ist daher das, was wir anstreben. Werden diese
beiden Seiten gleichmäßig gelebt, gibt es auch keine »zu enge
Bindung«.

Jedes Bild hat einen Rahmen – über Grenzen

Wir kommen mit unseren Kindern, die sich frei entwickeln
dürfen, bald an einen wesentlichen Punkt: die persönlichen
Grenzen. Wenn ein Kind die Möglichkeit hat, eine Wohnung
frei zu erkunden, wird es dem nachkommen. Hierdurch kann
es wunderbare Erfahrungen machen, selbstwirksam sein und
viel über seine Umgebung erfahren. Doch es wird auch irgendwann an Grenzen stoßen: Eltern und Kind müssen aushandeln,

in welchem Rahmen die Erkundung möglich ist. Denn auch wenn wir unser Kind frei sein lassen, um eigene Erfahrungen zu machen, müssen wir es vor gewissen Gefahren schützen und zudem auf unsere persönlichen Grenzen achten, von denen wir uns wünschen, dass sie von anderen Menschen eingehalten werden.

Einem Kind Freiheit zur Entwicklung zu geben, bedeutet nicht, dass es keine Grenzen erfährt, dass es keinen Rahmen hat, in dem es sich bewegen kann. Es sind natürliche Grenzen, die wir unseren Kindern aufzeigen und wo wir ihnen keinen Raum zum Ausprobieren lassen: Finger, Scheren, Stricknadeln werden nicht in Steckdosen gesteckt, und es werden auf dem Fensterbrett im dritten Stock keine Balanceübungen gemacht. Es gibt Grenzen, die wir unseren Kindern aufzeigen müssen, um sie zu schützen. Solche, bei denen es keinen Verhandlungsspielraum gibt und die – neben aller Toleranz und Freiheit – notwendig sind, weil Kinder die Gefahren nicht einschätzen können. Bindungsorientierte Elternschaft bedeutet nicht Laissez-faire, denn es gibt wohlüberlegte Grenzen, die ihren Sinn haben. Die Grenzen, die wir festlegen, ergeben sich aus natürlichen Notwendigkeiten und können (und sollen) den Kindern gegenüber begründet werden.

In unseren eigenen Räumen ist es hilfreich, sie von Anfang an unter dem Aspekt der Grenzen zu betrachten: Wie können Räume so gestaltet sein, dass sie nicht gefährlich, aber doch auch anregend und spannend sind? Wir begeben uns auf Kinderhöhe und schauen uns um, um auszuloten, wo welche Gefahrenquellen liegen und wie wir damit umgehen wollen. Das können einfache Maßnahmen sein wie Kindersicherungen in Steckdosen oder auch das Wegräumen der geliebten Zeitschriftensammlung aus Kinderhöhe. Die Welt durch Kinderaugen zu betrachten ist im Hinblick auf die Gestaltung von Grenzen besonders wichtig.

Es gibt auch Grenzen, die andere Menschen betreffen und die im sozialen Leben notwendigerweise eingehalten werden müssen. Auch sie sind für unser Leben wichtig. Nicht so überlebensnotwendig wie vielleicht das Verbot, am Spülmaschinentab zu lutschen, aber dennoch auf andere Art für das Miteinander bedeutsam. Jede Familie muss ihre eigenen Grenzen erkunden. Was ist uns, was ist mir persönlich wichtig? An welche Dinge soll mein Kind nicht gelangen, was darf nicht bespielt werden? Welche Grenzen gibt es bei mir und bei uns im Hinblick auf das soziale Miteinander?

Grenzen sind nicht nur Einschränkung. Sie sind, wenn sie sinnvoll und für das Kind nachvollziehbar gesetzt werden, eine gute und wichtige Basis für das gesellschaftliche Leben. Auch Kinder müssen nach und nach erfahren, dass Menschen Grenzen haben und diese zu respektieren sind. So, wie sie sich auch selbst wünschen, dass ihre Grenzen nicht überschritten werden. Ein gutes Beispiel hierfür ist ihr eigener Körper: Wenn wir von Anfang an respektvoll damit umgehen, wenn wir das Kind beispielsweise fragen, bevor wir es entkleiden oder die Windel wechseln, wenn wir Handlungen ankündigen, erfährt das Kind von Anfang an einen respektvollen Umgang und kann diesen auch mit anderen so leben. Mit größeren Kindern, die die Fähigkeit des Einfühlungsvermögens in andere bereits besitzen, lohnt es sich, auch immer wieder zu reflektieren: Für dich ist es wichtig, dass … Du magst nicht, wenn … Und das geht anderen auch so.

Wie in allen anderen Dingen sind wir als primäre Bindungspersonen auch hier die Vorbilder für unsere Kinder. Viele Dinge müssen als Grenzen oder Werte nicht benannt werden, sondern ergeben sich für unsere Kinder aus unserer Haltung im Alltag. Daraus, wie wir selbst mit ihnen und anderen und auch mit Gegenständen umgehen. Wenn wir wertschätzend und respektvoll gegenüber anderen auftreten, werden dies auch unsere Kinder tun. Grenzen und Gebote müssen nicht durch harte Worte vermittelt werden, sondern erklären sich im Alltag durch einen achtsamen Umgang. Die Wörter, die wir wählen, übernehmen unsere Kinder nach und nach ebenso wie die Handlungen, die wir ausführen. »Bitte«, »Danke« und »Entschuldigung« lernen sie ehrlich und aufrichtig zu sagen, wenn wir es ihnen vorleben, und nicht, wenn wir nur das Nachsprechen von Worten einfordern.

Wir helfen unseren Kindern, wenn wir uns klar sind in dem, was unsere eigenen Grenzen sind und welche Werte wir ihnen mit auf den Weg geben wollen. Hilfreich kann es sein, sich selbst eine Liste der Dinge aufzuschreiben, die einem wichtig sind. Diese Liste kann zusätzlich auch der Partner machen, und sie kann mit Großeltern oder Babysittern besprochen werden.

Im Alltag müssen wir unseren Kindern Grenzen klar kommunizieren: Manche Dinge sind nicht verhandelbar, und kleine Kinder sind von einem Entweder-oder oder einem »könnte« eher überfordert. Sie können die Entscheidungen noch nicht allein treffen. Oder besser: Sie müssen Entscheidungen nicht treffen, denn dafür sind wir ihre Eltern. Wir geben den Rahmen vor, in dem sie sich frei bewegen können. Aber einen Rahmen brauchen sie, und den brauchen auch wir Eltern als Richtschnur unseres Handelns.

◇ ◇ ◇ ◇ ◇ ◇ ◇

Persönliche Überlegungen zu Grenzen

Anhand der folgenden Fragen kannst du dir darüber bewusst werden, welche Grenzen du deinem Kind auf welche Weise vermitteln willst.

◇ Was für Grenzen gibt es in unserer Wohnung? Was darf nicht bespielt werden und warum eigentlich? Wie können wir die

Räume so gestalten, dass das Kind nicht ständig mit Grenzen und Ver- oder Geboten konfrontiert wird?

◇ Was ist mir persönlich wichtig an Werten und Grenzen? Was möchte ich transportieren? Und wie sehen andere Menschen aus unserer Umgebung diese Aspekte? Haben sie andere Schwerpunkte?

◇ Wie können die wichtigen Punkte durch mein eigenes Verhalten im Alltag transportiert werden? Wie zeige ich meinem Kind im Alltag ohne Worte, was mir wichtig ist? Wie drücke ich meine persönlichen Grenzen aus?

◇ Mach dir eine Grenzenliste und schau sie immer mal wieder an, auch um sie zu aktualisieren: Erübrigt sich etwas, weil das Kind schon größer ist? Kann ich ihm mehr zutrauen? Hat es neue Fähigkeiten? Achte ich im Alltag darauf, ein gutes Vorbild zu sein?

◇ ◇ ◇ ◇ ◇ ◇ ◇

Die anderen Bezugspersonen

Ein Leben mit Kindern bedeutet auch, dass wir mit weiteren Menschen zusammenkommen. Kinder brauchen das Spiel mit anderen Kindern ebenso wie den Austausch mit Menschen unterschiedlicher Altersklassen. Ein Leben mit Kindern ohne andere ist nicht denkbar – oder zumindest nicht erstrebenswert. Natürlich kommen wir in Zusammenhang mit anderen Menschen auch immer wieder an Punkte der Unterschiedlichkeit. Haben wir Menschen mit gleichen Werten und Vorstellungen um uns, ist das oft ein geringeres Problem. Doch im Alltag mit anderen und allgemein in der Gesellschaft stoßen wir oft auf für uns Fremdes: unterwegs, auf Spielplätzen, in Museen, überall. Vielleicht erwarten andere Kinder oder Eltern auf dem

Spielplatz, dass sich das Kind gemäß den Regeln der Familie verhält, die unseren Regeln aber nicht entsprechen: dass nicht rückwärts gerutscht, nicht im Stehen geschaukelt wird oder dass sie Konflikte nicht in einem gewissen Rahmen unter sich austragen dürfen. Das Aufeinanderstoßen von unterschiedlichen Grenzen und Werten kann an solchen Orten sehr anstrengend sein und manchmal auch nachhaltig belasten.

Sind wir aber klar in unseren eigenen Werten und Vorstellungen, können wir sie auch klar nach außen transportieren und unseren Kindern Beständigkeit in dem signalisieren, was wir ihnen grundlegend vermitteln wollen. Kommt es in solchen Situationen zu Konflikten, die Kinder nicht unter sich lösen können oder dürfen, können wir auf der Basis unserer Haltung regulieren und unser Gegenüber – ob Kind oder Erwachsenen – so respektvoll behandeln, wie wir es umgekehrt ebenso wünschen.

Auch Großeltern werden erst geboren

Wenn ein Kind auf die Welt kommt, werden auch die Eltern »geboren«, es wird vielleicht ein anderes Kind zur großen Schwester, zum großen Bruder. Und es werden aus den eigenen Eltern Großeltern. In den vergangenen Jahren hat sich, nicht zuletzt durch die Erkenntnisse der Forschung und durch die Rückbesinnung auf die natürlichen Bedürfnisse von Babys und Kindern, die Einstellung zum Großwerden der Kinder und zur »Erziehung« grundsätzlich verändert. Nahezu alle Bereiche, die in diesem Buch genannt sind, werden heute anders behandelt, als es noch vor relativ wenigen Jahren die breite Empfehlung war: Geburt, Schlafen, Ernährung, Tragen. Dieser Unterschied in der grundlegenden Haltung kann Konfliktpotenzial in den noch jungen Familien mit sich bringen, sobald mehrere Generationen aufeinandertreffen.

Wir wollen alle das Beste für unsere Kinder. So, wie wir es uns heute für unsere Kinder wünschen, wünschten es sich unsere Eltern für ihre Kinder – für uns. Nur dass das, was damals als das Beste und Richtige betrachtet wurde, eben ganz anders aussah als das, was für uns heute richtig und gut ist. »Aber du bist doch auch so gut groß geworden! Dir hat das doch auch nicht geschadet!« In diesen Worten von heutigen Großeltern schwingt vor allem eins mit: Die Sorge, es nicht richtig gemacht zu haben. Allein durch die Tatsache, dass es heute anders gemacht wird, fühlen sich manche Großeltern ihrer Angst ausgeliefert, keine guten Eltern gewesen zu sein. Doch bei diesen Gedanken müssen wir alle einen Schritt zurücktreten und uns erinnern: Ihr habt es so gemacht, wie ihr dachtet, dass es optimal sei. Ihr habt das Beste gegeben, das ihr geben konntet. Heute werden Kinder anders groß, die Gesellschaft fordert andere Eigenschaften von uns und unseren Kindern, weshalb auch Erziehung ganz anders funktioniert. Heute machen wir es anders und so, wie wir heute denken, dass es das Beste für unsere Kinder ist. Vielleicht wird es in der nächsten Generation wieder anders aussehen, weil sich die Gesellschaft gewandelt hat. Doch wie auch immer es sein wird, wir werden als Eltern dann auch denken: Ich habe mein Bestes gegeben. Dies ist die grundlegende Haltung der Wertschätzung, die wir anderen und auch unseren Eltern zunächst entgegenbringen sollten. Es ist der Versuch, ihre Ängste zu verstehen und auf diese zu antworten.

Einen gemeinsamen Nenner finden

Bei allem Respekt gegenüber dem guten Ansinnen der eigenen Eltern in ihrem früheren Erziehungsverhalten müssen die Großeltern aber auch ihren Beitrag zum Verstehen einbringen: Heute wird es anders gemacht. Wenn wir ihnen verdeutlichen, dass wir ihnen mit unserem heutigen Verhalten keinen Vorwurf machen möchten, fällt das Annehmen leichter. Vielleicht interessieren sie sich auch für Literatur über bindungsorientierte Erziehung und können über Forschungsergebnisse oder Zeitungsartikel einen Zugang finden. Oder ein Großelternkurs, wie er in vielen Städten angeboten wird, bringt sie mit neuen Ansichten in Kontakt.

Andere Menschen sind anders als wir, andere Eltern und eben auch Großeltern gehen mit Kindern anders um. Es gibt Punkte, die verhandelbar sind, und solche, bei denen es keinen Spielraum gibt. Auch wenn es in anderen Generationen üblich war, werden unsere Kinder heute nicht geschlagen. Psychische oder physische Gewalt ist kein Aspekt, über den man sich streiten oder diskutieren muss. Wir tun Kindern keine Gewalt an. Punkt. Hierzu zählen auch Dinge wie das vermeintliche Aufessenmüssen oder andere Situationen, die massiv in die Rechte des Kindes eingreifen. Mit Großeltern, die selbst anders gehandelt haben, gilt deswegen hier festzulegen: Diese Punkte machen wir heute anders, und es gibt keine Möglichkeit, von unseren Wünschen abzuweichen.

Auf der anderen Seite gibt es jedoch viele Punkte, die uns als Eltern vielleicht nicht gefallen, die wir den Großeltern jedoch zugestehen sollten. Auch sie dürfen nämlich ihre Art, ihre Persönlichkeit und ihre Wünsche in das Familienleben einbringen. Oft betrifft dies »das Verwöhnen«. Während wir uns aufregen, dass uns ein durch Tragen und Stillen verwöhnendes Verhalten vorgeworfen wird, werfen wir ihnen ein solches Verhalten auch gelegentlich vor: Da gibt es zu viele Süßigkeiten, zu langes Wachbleiben, zu viele Fahrten im Kinderkarussell. Doch Kinder lernen schnell, zwischen dem Verhalten von verschiedenen Erwachsenen zu unterscheiden. Sie genießen die Aufmerksamkeit der Großeltern, fühlen sich durch sie verwöhnt und angenommen. Deswegen lieben sie uns nicht weniger. Sie haben die Chance, auch Großeltern als Bindungspersonen zu gewinnen, und erhalten durch sie andere Anregungen als durch uns, sie lernen einen anderen Alltag und einen etwas anderen Umgang kennen. Anstatt die Unterschiede negativ zu betrachten, können wir uns an einer Bereicherung erfreuen und die Unterstützung und Entlastung genießen, die durch die Großeltern möglich sein kann.

Auseinandersetzung mit der eigenen Kindheit

Wenn wir Eltern werden und unsere Eltern als Großeltern erleben, setzen wir uns unweigerlich neu mit unserer eigenen Kindheit auseinander. Bestenfalls kommen wir zu dem Schluss, dass wir eine schöne Kindheit hatten, und unsere Eltern auch bei unseren Kindern gute Erziehungspartner sein werden, weil sie ebenso liebevoll und bedürfnisorientiert mit uns umgegangen sind, wie wir uns das für unsere Kinder wünschen. In einem ungünstigen Fall jedoch stellen wir fest, dass unsere Kindheit überhaupt nicht das war, was wir uns für unsere Kinder wünschen. Oder wir erleben auf einmal im Alltag mit unseren Kindern, dass es Situationen gibt, auf die wir ganz unerwartet reagieren, die in uns heftige Gefühle auslösen und mit denen wir nicht zurechtkommen. Wenn Menschen in ihrer Kindheit traumatische Erfahrungen machen mussten, kann es passieren, dass sie als Eltern durch ihre Kinder »getriggert« werden. Eine Situation mit dem eigenen Kind kann dazu führen, dass uns die negativen Erinnerungen aus unseren ersten Lebensjahren auf einmal überschwemmen, handlungsunfähig machen, dass sie zu Ängsten führen oder auch zu Aggression. Oft ist uns nicht klar, dass diese Reaktion ihre Basis in der eigenen Kindheit hat und in Gefühlen, die nun wieder aufbrechen. Vielleicht wurden die traumatisierenden Erlebnisse auch abgespalten, sodass zunächst überhaupt keine Erinnerung daran vorliegt. Wenn wir jedoch erkennen, dass wir uns ganz anders verhalten, als wir es uns gewünscht haben, oder die Menschen in unserer Umgebung die Veränderung in unserem Verhalten wahrnehmen – gerade dann, wenn wir eigentlich einen bindungsorientierten Umgang mit dem Kind leben –, ist es Zeit, sich professionelle Unterstützung zu holen, um nicht in einen Teufelskreis der Wiederholung eigener negativer Erfahrungen zu gelangen. Tatsächlich ist die Anzahl der Eltern, die durch die Elternschaft mit schlimmen eigenen Kindheitserfahrungen konfrontiert werden, nicht gering – gerade weil früher anders mit Babys und Kindern umgegangen wurde. Doch wir können heute etwas daran ändern, wir müssen nicht die Fehler einer anderen Generation wiederholen. Wenn wir in unserem Herzen den Wunsch haben, unseren Kindern liebevoll und bindungsorientiert zu begegnen, können wir mit etwas Unterstützung einen guten Weg für unsere eigene Familie finden, indem wir uns von all dem, was uns nicht guttut, lösen.

Fördern oder fordern?

Denken wir an die Grenzen und die Waagschale von Nähe und Autonomie, die ein Kind für eine sichere Bindung benötigt, gelangen wir unweigerlich auch an den Punkt, uns zu fragen: Was kann mein Kind und was kann es nicht? Was kann ich ihm zutrauen und was eher (noch) nicht? Leider betrachten wir das Nicht-Können nur allzu oft als Defizit, anstatt es als natürlichen Bestandteil jeder Entwicklung anzusehen. Auch sehen wir es viel zu oft vereinzelt und beachten nicht, dass sich Fähigkeiten unterschiedlich schnell entwickeln: Wer erst spät läuft, spricht vielleicht früher. Wer in der Feinmotorik noch nicht weit entwickelt ist, ist vielleicht in sozialen Aspekten weit voran. Es ist gut wahrzunehmen, was das Kind kann und was nicht, aber diese Wahrnehmung sollte zunächst immer wertungsfrei sein. Die zu große Angst davor, dass das Kind etwas nicht kann – gerade im Vergleich zu anderen im selben Alter –, führt dazu, dass die Branche der Kinderförderkurse boomt: angefangen von Babykursen, um früh das Schwimmen zu lernen, über Babyzeichensprache bis hin zu Kleinkindenglisch und später diversen Angeboten für Kindergarten- und Schulkinder.

Förderangebote versuchen entweder, Dinge anzubieten, die wir dem Kind selbst im Alltag nicht beibringen können, wie das Erlernen einer Fremdsprache, die wir selbst nicht beherrschen oder nicht ausreichend verwenden. Oder sie versuchen auszugleichen, was wir im Alltag nicht einbinden und worin die Kinder nicht die Möglichkeit haben, sich zu erproben. Wir fördern, anstatt im Alltag ausreichend Gelegenheiten zu bieten, die das Kind fordern. Kinder sind – wenn sie sich anders entwickeln als andere – meist nicht unterfördert, sondern viel zu oft unterfordert durch uns.

Jedes Kind hat sein Tempo

Jedes Kind hat sein eigenes Entwicklungstempo. Auch wenn der Rahmen der Entwicklung und die Abfolge einzelner Entwicklungsstufen vorgegeben ist, begehen Kinder die einzelnen Stufen zu ganz unterschiedlichen Zeitpunkten.[41] Gute Beispiele hierfür sind die Bewegungsentwicklung und die der Sprache: Kinder haben ein festgelegtes Muster, bei dem ein Baustein auf den nächsten folgt. Eine Entwicklung ist Voraussetzung für eine andere. Greifen wir hier ein, behindern wir die natürliche Abfolge und es kann auf späteren Stufen der Entwicklung zu Problemen kommen. Setzen wir die Kinder zu früh hin, ohne dass sie selbst in das Sitzen gefunden haben, behindern wir sie möglicherweise darin, selbst den Weg zum Sitzen zu finden. Die Bewegungsmuster, die sie nicht erlernen, und auch die Muskulatur, die sie durch unser Eingreifen nicht richtig ausbilden, können auch spätere Meilensteine der Bewegung beeinflussen und den Ablauf stören. Bei allen lieb gemeinten Hilfsangeboten sollten wir deswegen immer beachten, dass wir unseren Kindern nicht zu viele Entwicklungsaufgaben abnehmen.

Das gilt für das Sitzenlernen ebenso wie für andere Bereiche: Wir müssen unseren größeren Kindern nicht vormalen, wie man richtig Gesichter und Menschen zeichnet, sondern können ihrer Fantasie freien Lauf lassen und sehen, wie sich aus Kritzeleien Kreise entwickeln, wie Kopffüßler gemalt werden und irgendwann Schiffe, Häuser und ganze Familien im Sonnenschein.[42] Auch hier hat jedes Kind sein Tempo, und wir sollten uns von Tabellen und Vergleichen nicht verunsichern lassen. Es geht immer nur um einen groben Rahmen, in dem sich Entwicklung nachzeichnen lässt. Innerhalb dieses Rahmens gibt es eine große zeitliche Bandbreite. In U-Untersuchungen und Größen- und Gewichtsperzentilen wird die Variation festgehalten. Solange das Kind in dem wirklich großen Rahmen der Entwicklung ist, müssen sich Eltern keine Sorgen machen. Fällt es wirklich hinaus, kann durch Fachleute sicher eingeschätzt werden, ob und in welcher Form Handlungsbedarf besteht. Bis dahin sollten wir einfach auf die individuellen Fähigkeiten unseres Kindes und auf seinen inneren Antrieb und Wunsch nach Entwicklung vertrauen.

Raum für Entwicklung bieten

Wenn wir unseren Kindern die Möglichkeit geben wollen, sich nach ihren Interessen und in ihrem persönlichen Tempo zu entwickeln, müssen wir ihnen einen Raum geben, in dem dies möglich ist. Oft überrascht es Eltern, wie wenig dafür besonders im ersten Lebensjahr gebraucht wird. Denn anstatt viel zu kaufen und anzubieten geht es eher darum, viel wegzulassen. Was ein Baby im ersten Jahr für eine gesunde Entwicklung wirklich braucht, sind vor allem die Bindungspersonen. Dazu kommt noch etwas Platz für die Bewegungsentwicklung und ein wenig Spielzeug. Die spannendsten Dinge finden sich jetzt – und später – im Alltag selbst.

Es gilt also, einen Raum und eine Atmosphäre zu schaffen, in der sich das Kind in seinem Tempo entfalten kann. In Bezug auf die Motorik ist dies die Möglichkeit, sich nach seinen Bedürfnissen bewegen zu können. Wir haben bereits gesehen, dass das Tragen des Kindes sich vielfach positiv auswirkt und auch auf gesundheitliche Aspekte Einfluss nimmt. Ist das Baby gerade nicht an unserem Körper oder in einem Zustand des Schlafens oder Einschlafens, in dem es einen geschützten ruhigen Schlafbereich benötigt, braucht es Raum, um sich bewegen zu können. Es darf die Erfahrung machen, wie es sich anfühlt, wild mit Armen und Beinen zu rudern und sich vielleicht in diesem Bewegungssturm umzudrehen. Es darf den Raum haben, sich auf den Rücken oder Bauch umzudrehen, wenn es das wünscht. Wir alle können nicht lange in derselben Position bleiben. Sitzen wir am Schreibtisch, rutschen wir mal hierhin, mal dorthin, stehen auf, setzen uns wieder auf die Stuhlkante … Kinder liegen ebenso wenig still. Sie wollen sich bewegen, sie brauchen das für das Kennenlernen von sich selbst, ihrem Körper und der Welt.

Krabbelnde Kinder wollen die Welt entdecken, Schubladen ausräumen und Nähe und Distanz erfahren. Laufanfänger sind unermüdlich in ihrem Gang an Möbeln entlang und später im Ausprobieren der ersten freien Schritte. Kinder brauchen Bewegungsmöglichkeiten. Was sie nicht brauchen, sind Zeiten des festgeschnallten eingeschränkten Seins in Babywippen oder Autoschalen. Sie brauchen auch keine Laufställe oder Gehhilfen, keine Türhopser oder andere Geräte, die ihren Erkundungsdrang beschränken und die Bewegung auf bestimmte Formen limitieren. Gerade Kinder brauchen Freiheit im Tun.

Anregung sind im ersten Lebensjahr vor allem wir: der Körperkontakt, die Pflegemomente, die Kommunikation, das Spiel – als Eltern geben wir unseren Kindern reichhaltige Möglichkeiten, mit uns zusammen zu sein und uns auszutauschen. Auch das Zusammensein mit anderen – Groß und Klein – gibt ihnen Impulse. Anregende Spielmaterialien sind nicht so wichtig wie soziale Interaktion. Kleine Kinder müssen ein Verständnis von Zusammenhängen sowie von Ursache und Wirkung entwickeln, das ihnen durch manche Spielsachen heute eher verwehrt wird. Wenn Spielzeug im ersten Jahr genutzt werden soll, dann sollte es eines sein, das Kindern vielfältige Handlungsmöglichkeiten einräumt und sie nicht in ihrer Fantasie und im Tun beschränkt: Holzbausteine, Kugeln, Bälle, Tücher – das sind Dinge, mit denen Kinder vielfältig umgehen und durch die sie sich ein Bild von der Welt machen können. Sie brauchen auch keine Dinge, die zwar durch grelle Farben und laute Musik ihre Aufmerksamkeit kurz bannen, ihnen aber langfristig weniger Spielmöglichkeiten bieten als Materialien, die in ihrer Bedienbarkeit viel Freiraum lassen. Wenn dann der Alltag immer mehr nachgeahmt wird, und die darin stattfindenden Handlungen wie das Einkaufen, die Pflege eines Puppenkindes oder das Zubereiten von Essen in den Vordergrund treten, werden Dinge zum Spielen auch wichtiger. Doch auch hier bedient sich das Kind gern noch einige Zeit aus dem Angebot der wirklichen Dinge aus dem Haushalt.

Auch nach dem ersten Jahr bleiben für Kinder die Grundelemente der freien Bewegung und das Zusammensein mit anderen besonders wichtig. Das, was nun möglich ist, wird verfeinert: Das Kind kann laufen und erprobt jetzt das Rennen und Schleichen, es läuft auf den Zehen, klettert, bewegt sich rückwärts. Für all dies braucht es einfach nur die Möglichkeiten, es zu tun. Draußen in der Natur und auch drinnen in Räumen, die genug Platz bieten. Das soziale Miteinander wird langsam ausgebaut, und auch wenn Kleinkinder zunächst noch einige Zeit eher nebeneinander spielen als direkt und geplant miteinander, ist die Gemeinschaft mit anderen eine Anregung und ein Austausch. Im Alter von drei Jahren ist dann eine Gruppe von Kindern unterschiedlichen Alters evolutionär betrachtet der Raum, in dem die Sozialkompetenz am besten ausgebaut wird und in der wichtige Erfahrungen gemacht werden – gerade ohne die Eltern. Hier erproben Kinder sich auf der Basis des sicheren Fundamentes, das wir ihnen mitgegeben haben.

Wenn wir unseren Kindern einen Raum anbieten und eine Atmosphäre, in denen sie sich nach ihren Bedürfnissen frei bewegen und entwickeln können, ist dies die einzig wirkliche Anregung, die wir ihnen bieten können. Von ihrem Alltag und dem natürlichen Umgang mit diesem Raum werden sie so gefordert, wie es ihre Entwicklung gerade bedarf.

Babys brauchen keine Babykurse

Wenn wir all diese Dinge betrachten, wird schnell klar: Babys brauchen keine Babykurse. Wir müssen mit ihnen nicht üben, wie man sich von einer Seite auf die andere dreht, und wir müssen sie dazu auch nicht anregen, indem wir ihnen einen kleinen rasselnden Ring hinhalten, nach dem sie greifen sollen. Sie entwickeln sich aus innerem Antrieb. Sie müssen auch keine Zeichensprache erlernen, damit wir besser mit ihnen kommunizieren können. Es reicht, wenn wir sensibel auf ihre Signale achten.

Auch wenn Babys also keine Kurse brauchen, gibt es doch andere, denen sie nützen können: den Eltern. Denn manchmal fällt es uns gar nicht so leicht, den Alltag für unsere Kinder so zu gestalten, wie sie es eigentlich benötigen. Wir kennen meist auch keine anderen Familien, von denen wir uns den Alltag abschauen können. Und unsere eigene Herkunftsfamilie ist vielleicht nicht das Vorbild, das wir uns wünschen. Rituale wie Babymassage oder Wiegenlieder sind über die Generationen hinweg verloren gegangen, und in unserer Lebensumgebung von lauter Vereinzelten fehlt uns der Austausch mit anderen.

Signale des Babys richtig zu interpretieren, das fällt uns aus fehlender Erfahrung schwer. Werbung und Medien vermitteln uns oft ein Bild von Kindern und auch von den Dingen, die sie benötigen, das nicht stimmt oder intuitiv gegen unser Bauchgefühl spricht. Dadurch können wir als Eltern schnell verunsichert werden. Wir brauchen Orte, an denen wir uns über die Dinge austauschen können, die uns beschäftigen. Wir brauchen Menschen, mit denen wir reden können, und wir brauchen heute oft auch Anleitung auf einem Weg, der uns unbekannt und neu erscheint. Für Väter, die sich in unserer Zeit in einer sehr andersartigen Rolle finden als die Vätergeneration vor ihnen, kann ein solcher Austausch mit anderen besonders wohltuend und unterstützend sein.

Wir brauchen also keine Babyförderkurse, aber wir brauchen manchmal Kurse oder Gruppen, die uns auf unserem Weg durch die Elternschaft begleiten, die uns hilfreich zur Seite stehen und uns bestärken. Und es ist auch in Ordnung zuzugeben, dass wir nicht alles allein stemmen können und andere brauchen. Denn wir sind auch als Eltern einfach nur Menschen.

Glückliche Eltern,
glückliche Kinder?

Für ein geborgenes Aufwachsen und eine glückliche Kindheit gibt es viele Dinge, die wir auf die ein oder andere Weise tun können: zu Hause gebären oder geborgen im Krankenhaus, stillen oder körpernah füttern, Schlafen im Familienbett oder nicht – es gibt viele Fragen, die sich uns stellen, viele Entscheidungen, die wir treffen müssen. Wir tun dies danach, was wir können, was wir uns zutrauen, und auch danach, welchen Begriff wir selbst von einer »glücklichen Kindheit« haben. Wir können uns breit gefächert darüber informieren, was alles am besten für unsere Kinder wäre, es gibt Studien, die nahezu für alles Belege finden und uns sagen, was wir alles für unsere Kinder tun müssten, damit sie wirklich glücklich, optimal gebildet und langfristig froh sind. Wir können viel Zeit dafür verwenden, all diese Studien, Bücher und Empfehlungen zu lesen, und noch mehr dafür, all die Empfehlungen umzusetzen. Doch eine Sache vergessen wir oft, wenn wir an das Glück unserer Kinder denken: uns selbst.

Wir Eltern haben oft die Neigung, uns und unsere Bedürfnisse ganz hinten anzustellen. Das fängt im Kleinen damit an, dass wir das Kind morgens achtsam waschen und ankleiden und liebevoll in den Tag starten lassen und für uns selbst nur eine kurze Katzenwäsche übrig bleibt. Es geht weiter, wenn wir eigentlich für uns einkaufen gehen wollen und doch wieder »nur« schöne Sachen für das Kind kaufen. Schwieriger wird es dann, wenn wir unsere Hobbys aufgeben, vielleicht auch unseren Job, weil wir das Gefühl haben, dass wir das für das Kind tun müssen, es aber eigentlich nicht wollen. Wo fängt eine glückliche Kindheit an und wo hört eine glückliche Elternschaft auf?

Eltern *und* Kinder zuerst

Eltern wollen das Beste für ihre Kinder, das ist klar. Es gibt wohl kaum Eltern, die ihren Kindern Schlechtes wünschen oder bewusst darauf hinarbeiten würden, dass es ihnen nicht gut geht. Dementsprechend bin ich der festen Überzeugung, dass alle Eltern immer das tun, vom dem sie überzeugt sind, dass es das Beste für ihre Kinder ist – oder auch das Beste, was in ihren persönlichen Fähigkeiten liegt. Wenn Mütter nicht stillen können, können sie es nicht, auch wenn es die beste Ernährung für das Kind wäre. In einem solch »medizinischen« Fall ist es recht eindeutig, dass das Wohl des Kindes anders gut gewährleistet werden kann und muss, als es vielleicht ursprünglich gedacht war.

Schwieriger wird es allerdings bei Umständen, bei denen es um psychische oder soziale Aspekte der Elternschaft geht: Was ist, wenn beide Eltern nach wenigen Monaten wieder arbeiten gehen, weil sie das Arbeiten für sich selbst brauchen, für die Selbstverwirklichung, für das Selbstwertgefühl oder weil sie eben nicht auf den finanziellen Standard verzichten können, den sie vor dem Kind aufgebaut haben? Von Eltern wird oft erwartet, dass sie durch die Elternschaft zu Übermenschen werden, die ihre gesamten bisherigen Bedürfnisse hinter denen des Kindes zurücklassen, weil sie eben nun Eltern sind. Die persönlichen Gründe für bestimmte Einstellungen sollen mit einem »Nun stell dich nicht so an!«, »Wer wirklich will, der findet schon einen Weg« oder »Du wolltest doch Kinder haben!« losgelassen werden. Doch auch als Eltern sind wir weiterhin Menschen. Auch wir haben Bedürfnisse, und das ständige Zurücktreten hinter das Kind kann langfristig Folgen für unsere psychische Gesundheit haben. Überforderung kann sich breit machen. Durch den andauernden Versuch, alles richtig machen zu wollen – Haushalt, Job, Partnerschaft und allem voran

natürlich das Wohl des Kindes – kann ein Burnout entstehen.
Wer gegen sein eigentliches Bedürfnis Arbeit und Hobbys auf-
gibt, kann depressive Symptome entwickeln.

In dem Versuch, alles richtig zu machen, können Eltern
daher an ihrem eigentlichen Ziel einer glücklichen Kindheit
genau vorbeisteuern. Elternschaft bedeutet daher ein Abwä-
gen: Was kann ich leisten, und wie kann ich mir dabei selbst
treu bleiben? Wie kann ich glücklich sein und so auch meinem Kind Glück vermitteln? Es stimmt nämlich nicht, dass
die Kinderbedürfnisse über allem stehen. »Eltern *und* Kinder
zuerst« sollte unser Leitziel sein. Wenn ich glücklich bin, kann
ich auch einen entspannten und glücklichen Tag mit meinem
Kind verleben.

Das, was wir als Familie bezeichnen, ist kulturell geprägt.
Wie wir Familie hier bei uns leben, hat sich über viele Generationen so ausgebildet, und wir gestalten es aktiv mit. Wir
müssen nicht so leben, wie es uns unsere Eltern gezeigt haben,
und dennoch sind wir davon beeinflusst. In anderen Kulturen wird Elternschaft und Familie anders gestaltet: Mal sind
die Väter hauptverantwortlich für die Kinder, mal die Frau-
en, oder das ganze Dorf arbeitet zusammen. Kinder gehen in
Kindergärten oder nicht oder sind ab einem bestimmten Alter
in einer Kindergemeinschaftsgruppe ohne Erwachsene unterwegs. Familie kann ganz unterschiedlich aussehen. Wir sollten aufhören, Familienformen nach unseren erlebten Maßstä-
ben zu bewerten. Für einige Eltern ist es richtig und gut, wenn
sie bis zur Schulzeit mit ihren Kindern zu Hause bleiben und
diese nicht außerhalb der Familie betreuen lassen. Für andere
Familien könnte genau das der Weg in eine Krise sein. Es gibt
kein Besser oder Schlechter, weil wir von außen die wirklichen
Beweggründe für die Entscheidungen, die andere Eltern treffen, nicht kennen oder sie vielleicht aus unserem persönlichen
Leben und unseren Erfahrungen heraus gar nicht nachfühlen

können. Deswegen steht uns auch keine Bewertung dessen zu, was für jede einzelne Familie richtig wäre.

Natürlich gibt es gesamtgesellschaftliche Ziele und Wünsche für eine bessere Zukunft, die wir dadurch erreichen, dass wir das Klima des Aufwachsens verändern, dass wir uns selbst und andere Eltern wieder dahin bringen, feinfühlig auf die Signale von Kindern zu reagieren und so eine sichere Bindung aufzubauen, die sich langfristig auf die gesamte Gesellschaft auswirkt und zu einer besseren Zukunft führt. Das sollte unser Ziel sein. Und wir können dafür auch anderen Unterstützung und Hilfe anbieten. Aber Verurteilung hat darin keinen Platz. Wir bringen Kindern Empathie entgegen und müssen diese auch uns als Eltern gegenseitig entgegenbringen. Wir müssen zumindest versuchen, Gründe für andere Entscheidungen zu verstehen. Nur so können wir langfristig auch etwas an dem ändern, was uns stört, und andere Eltern auf diesem Weg gezielter unterstützten. Der erhobene Zeigefinger und Verweise auf Studien bewirken nicht viel.

Die Notwendigkeit unseres Perspektivwechsels gilt auch für das Kindeswohl: Für manche Kinder kann es besser sein, in einer Kita betreut zu werden als mit unzufriedenen Eltern zu Hause zu sitzen. Manche erhalten durchaus in einer Kita eine bessere Anregung und mehr Bildung als zu Hause. Für manche Kinder ist es besser, nicht gestillt zu werden als von einer Mutter, die sich damit unwohl fühlt, uneindeutige Signale sendet und dem Kind schlimmstenfalls das Gefühl vermittelt, eine Last zu sein. Es ist wichtig, dass wir die Bedürfnisse unserer Kinder nicht aus den Augen verlieren, dass wir feinfühlig auf sie hören und uns für sie interessieren. Aber auch wir Eltern haben das Recht, eigene Bedürfnisse zu haben und so ein ausgewogenes Leben zu gestalten, dass für uns alle gut ist.

Wir müssen keine Supereltern sein

Kinder brauchen keine Supereltern. Sie brauchen Eltern, die gut genug sind. Die auf die Kinder achten, aber die ihnen auch Raum geben für eigene Erfahrungen und den Umgang mit Frustration und negativen Gefühlen. Schon der 1886 geborene britische Kinderpsychoanalytiker Donald W. Winnicott stellte fest, dass »zu gute Mütter« (*too good mothers*) gerade nicht das sind, was Kinder brauchen: Am Anfang des Lebens ist das Baby noch ganz mit der Mutter oder der primären Bindungsperson verschmolzen und erlebt sich noch nicht getrennt davon. Mutter und Kind sind eine Einheit, leben in Symbiose. Die Bindungsperson geht im besten Fall nach den jeweiligen Signalen des Babys prompt auf dessen Bedürfnisse ein. Je älter es jedoch wird, desto mehr braucht es auch ein gewisses Maß an Unzufriedenheit: Neugierde und Unzufriedenheit sind die Motoren der Entwicklung. Kommt das Baby nicht an einen gewünschten Gegenstand in seiner Nähe heran, quengelt es etwas und versucht sich zu bewegen. Vielleicht schafft es eine Drehung in die richtige Richtung und erlangt so das gewünschte Objekt. Stolz hält es das kleine Ding in den Händen, alle Unzufriedenheit ist vergessen, und das Baby hat gelernt, dass es selbst fähig ist, etwas zu erreichen. Es war selbstwirksam!

Hätte jemand anderes ihm beim ersten Zeichen der Unzufriedenheit das begehrte Stück gereicht, hätte es sich nicht angestrengt, sich vielleicht nicht zum ersten Mal gedreht und auch nicht das Glück danach verspürt, es selbst geschafft zu haben. Dadurch dass niemand geholfen hat, hat das Baby außerdem erfahren, dass Bedürfnisse nicht sofort erfüllt werden müssen, sondern auch ein wenig aufgeschoben werden können. Nach und nach kann es so auch lernen, sich selbst zu regulieren. Gerade die Selbstregulation ist es doch, die wir uns als Eltern so oft wünschen, wenn das Kind nachts aufwacht und nicht selbst wieder in den Schlaf findet. Wenn wir als Eltern ihm also mit der Zeit nicht mehr jeden Wunsch von den Augen ablesen und nicht jedes Bedürfnis sofort erfüllen, ist das für die kindliche Entwicklung hilfreicher als das immerzu prompte Reagieren.

Natürlich sollten wir dabei die Möglichkeiten unseres Kindes kennen und auch weiterhin feinfühlig wahrnehmen, womit es sich gerade beschäftigt und was es sich wünscht – aber wir müssen nicht sofort aufspringen. Wir dürfen – und sollten sogar – Raum lassen für die eigenen Erfahrungen und diese unterstützen. Je größer die Kinder werden, desto mehr werden wir das erfahren. Um das zweite und dritte Lebensjahr herum machen es uns die Kinder ganz besonders bewusst, wenn sie von sich aus das Selbermachen lautstark einfordern. Doch auch schon viel früher können wir uns darin üben, es zuzulassen und für uns selbst zu erkennen: Gute Eltern zu sein bedeutet nicht, selbst alles heranzutragen und zu moderieren. Es heißt nicht, sofort aufzuspringen und alle Hindernisse beiseite zu räumen. Es bedeutet auch nicht, in Konflikte zwischen Kindern immer sofort einzugreifen. Gute Eltern zu sein bedeutet manchmal eben gerade auch, nichts zu tun und abzuwarten, zu beobachten und das Kind machen zu lassen. Donald Winnicott findet, dass die »ausreichend gute Mutter« (*good enough mother*) der »zu guten Mutter« vorzuziehen ist. Wir müssen also nicht Supermütter oder -väter sein, sondern einfach nur hinreichend gut!

Zeit für mich

Meist sind wir es gewohnt, Zeit für uns selbst zu haben – bevor wir Kinder bekommen. Wir sind so aufgewachsen, sind gesellschaftlich als Individualisten geprägt, mögen gern Wellness oder mal einen Kinobesuch. Dann kommt die Elternschaft. Am Anfang treten insbesondere die Mutterbedürfnisse unter dem

Einfluss der Hormone, insbesondere dem des Prolaktin, hinter die Bedürfnisse des Babys zurück.[43] Die Frau ist auf den Babyrhythmus ausgerichtet und passt sich dem an. Im Laufe der Zeit lässt dies nach, die eigenen Bedürfnisse treten wieder in den Vordergrund, vielleicht auch genau dann, wenn das Prolaktin durch das seltener werdende Stillen weniger Einfluss nimmt. Gerade wenn der Alltag uns fordert, wenn Kinder krank sind, wir alle schlechte Nächte haben, Entwicklungsschübe anstehen oder die Eingewöhnung in Kindergarten oder Schule, dann haben wir oft das Bedürfnis: Ich brauche Zeit für mich.

Dieses Gefühl ist ganz normal, verständlich, und hat seine Berechtigung. Da wir heute nicht mehr in Großfamilien, Clans und unterstützenden Gemeinschaften leben, sind wir vom Alltag schnell überfordert, einfach weil wir viel zu viel allein tun müssen. Eigentlich brauchen wir auch heute unbedingt die Unterstützung der Gemeinschaft, um Eltern sein zu können. Gerade Alleinerziehende brauchen ein Netzwerk, das sie unterstützt. Doch auch für Eltern in Paarbeziehungen ist es wichtig, noch andere zu haben, die bei der Kinderbetreuung, dem Haushalt oder der Arbeit mit anpacken. Es geht nicht allein. Gerade weil wir dies aber viel zu sehr und viel zu oft versuchen, kommen wir auch immer wieder in Phasen, in denen wir von all dem dringend eine Auszeit brauchen. Besser ist es, wenn wir es schaffen, auch im Alltag regelmäßig kleine Erholungsauszeiten für uns einzubauen, an denen wir festhalten.

◇ ◇ ◇ ◇ ◇ ◇ ◇

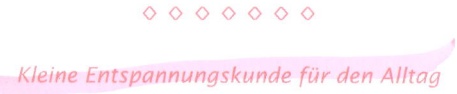

Kleine Entspannungskunde für den Alltag

Diese Anregungen können helfen, gar nicht erst an den Rand der Erschöpfung zu kommen. Probier einfach aus, was du davon umsetzen kannst.

◇ Bau dir feste Zeiten in den Alltag ein, die für dich selbst reserviert sind: Kaffee- oder Teepausen, die in Ruhe zelebriert werden; ein Bad am Abend oder was auch immer dir guttut. Trag sie in den Terminkalender ein und nimm diese Zeiten für dich ebenso wichtig wie andere Termine.

◇ Gib Verantwortung ab. Das kann heißen, dass du an einem kinderfreien Abend nicht ständig den Partner oder die Großeltern anrufst und nachfragst, ob wirklich alles in Ordnung ist. Vereinbart vorher: Sie melden sich sicher, wenn etwas nicht gut läuft, und derweil nutzt du die Zeit wirklich für dich selbst. Du weißt, das Kind ist heute in anderen liebevollen Händen.

◇ Hinterfrage deine Gewohnheiten: Wie kann ich den Alltag entspannen? Was macht mir Spaß mit den Kindern zusammen? Und andersherum: Was sind die besonders stressigen Momente, die mich langfristig beeinflussen, und wie kann ich sie ändern?

◇ Oft sind Aufenthalte draußen für Familien entspannender als Zeit in den vier Wänden. Auf einer Bank am Spielplatz oder auf einer Decke im Park lässt sich die Zeit genießen und alle können durchatmen.

◇ Mit größeren Kindern lassen sich Elternauszeiten festlegen: Wenn sich Mama oder Papa nachmittags in diesen Sessel setzt, ist keine Spielzeit, sondern sie oder er liest eine halbe Stunde in Ruhe oder tut etwas anderes nur für sich.

◇ Schaff dir Erinnerungspunkte. Du kannst in der Wohnung bewusst Dinge aufstellen, die dich an die Entspannung erinnern: vielleicht eine Muschel vom letzten Urlaub, eine Postkarte. Dinge, die dich kurz innehalten lassen und dir sagen: Entspannung ist wichtig für dich!

◇ Du kannst auch positive Momente notieren und in einem Glücksglas sammeln. Wenn Tage besonders anstrengend sind, hilft es manchmal, sich auf die guten Dinge zu besinnen. Denk daher jeden Tag am Abend kurz nach: Was war heute ein besonders schöner Moment? Diesen hältst du auf einem Zettel fest und wirfst ihn in ein Glas. An schwierigen Tagen angelst du dir einen Glücksmomentezettel heraus und schaust ihn dir an. Dann kannst du dir neu sicher sein: Es kommen auch wieder gute Tage. Das Leben ist voll schöner Momente!

Zeit für uns

Neben den Kindern und dem Ich dürfen wir eine weitere Sache nicht vergessen: das Partner-Wir. Paare werden Eltern. Dies verändert sehr viel in ihrem Leben: den Tagesablauf, die Gefühle – auch durch die Hormone – den Rhythmus und eben die Beziehung zueinander. Paare lernen sich in der Elternschaft auf gewisse Weise neu kennen. Selbst wenn man schon viele Jahre vorher gemeinsam verbracht hat, lernt man in der Elternschaft vielleicht ganz neue Seiten am Partner kennen, denn die Themen, die durch ein Kind neu hinzukommen, sind welche, die in einer Partnerschaft ohne Kind nicht zutage getreten wären. Die eigene Kindheit wird in besonderer Weise reflektiert, und es entstehen Reibungspunkte: »Bei uns zu Hause wurde das aber immer so gemacht!«, »Bei uns haben auch alle im Elternbett geschlafen« oder »Ich bin auch früh in die Krippe gegangen«. Es gibt viele Themen, die Eltern in einer Partnerschaft ganz neu besprechen müssen. Im Laufe der Jahre wird es immer wieder Punkte geben, über die diskutiert wird. Vielleicht auch solche, bei denen man sich wirklich schwertut, einen gemeinsamen Nenner zu finden. Das ist ganz normal und gehört zur Elternschaft und dieser neuen Art der Partnerschaft dazu.

Neben den Dingen, die ausgehandelt und besprochen werden wollen, sind auch die kleinen Momente des Alltags wichtig. Vor allem: Gegenseitige Wertschätzung für die Aufgaben,
die jede/r jeweils erledigt. Das gilt sowohl für die Person, die
gerade mehr zu Hause mit dem Kind ist, als auch für denjeni-
gen, der vielleicht gerade mehr arbeitet. Hat man ein Famili-
enmodell gewählt, bei dem beide gleichermaßen ihre Zeit für
Kind und Arbeit einsetzen, fällt das manchmal leichter. Doch
dies ist in den wenigsten Familien der Fall. Meist ist einer mehr
zu Hause.

Der Alltag mit Kind ist neu und anstrengend. Zu den ohnehin anfallenden Tätigkeiten kommen neue hinzu, und manchmal weiß man nicht, wie all die Aufgaben überhaupt in einen
einzigen Tag hineinpassen sollen. Zu-Hause-Sein mit einem
Kind bedeutet eben nicht nur Freizeit und Entspannung. Jeder Tag kann anders sein und ist schon allein durch den Unterschied zum vorherigen Leben eine Herausforderung für viele.
Ebenso beachtet werden sollte aber auch der arbeitende Elternteil: Er geht vielleicht nach einer Nacht mit wenig Schlaf zu einer anstrengenden Arbeit, um erst abends wieder nach Hause
zu kommen. Auch wenn ein Elternteil viel Zeit außerhalb der
Familie verbringt, benötigt er Anerkennung seiner Arbeit und
das Gefühl, dennoch dazuzugehören. Familie ist ein großes
Gefüge, in dem jeder unterschiedliche Aufgaben hat und alle
zum Vorteil aller zusammenwirken. Familie ist Geborgenheit,
Vertrauen, Wertschätzung und Anerkennung. Dies ist manchmal eine Entwicklungsaufgabe. Deswegen ist es so wichtig,
sich gegenseitig zuzuhören und zu verstehen, wie die Tage des
anderen sind.

Kleine Anregungen für den Alltag als (Eltern-)Paar

◇ Erzählt euch jeden Abend gegenseitig, wie der Tag war: Was hat jeder gemacht, was war anstrengend, was war schön? Für dieses Ritual solltet ihr Zeit einplanen und wirklich zuhören.

◇ Reserviert euch kleine Paarmomente: Wer es nicht möchte oder noch nicht wieder kann, muss abends nicht als Paar zusammen ausgehen. Aber es sollte Zeit füreinander eingeplant werden. Das kann auch einfach »nur« eine halbe Stunde Kuscheln oder eine gegenseitige Massage auf dem Sofa sein. Jeden Tag etwas Schönes gemeinsam.

◇ Es lassen sich viele kleine Momente der Gemeinsamkeit im Alltag finden: Vielleicht kann der arbeitende Elternteil ja mal zur Mittagspause besucht werden, und man genießt ein gemeinsames Essen zusammen, während Großeltern oder Freunde eine Stunde mit dem Baby in der Nähe unterwegs sind?

◇ Kein Neid auf Freizeitaktivitäten: In Partnerschaft und Elternschaft sollten beide Partner die Möglichkeit haben, ihren Bedürfnissen ausgewogen nachzukommen. Diese Balance sollte nicht ins Wanken geraten.

◇ Zeigt euch eure Wertschätzung: Es können kleine Worte sein, eine Blume, eine Süßigkeit, ein kleiner Brief – wir alle brauchen ab und zu ein Zeichen, dass der andere uns sieht und das, was wir tun, wertschätzt. Drüber reden statt es nur hinzunehmen, ist für alle Seiten gut.

Kein schlechtes Gewissen!

Was Eltern heute besonders hartnäckig begleitet, ist das schlechte Gewissen. Wohin wir auch blicken, es ist da und hat nahezu immer etwas an uns auszusetzen: Ich habe mein Kind mit Kaiserschnitt/PDA geboren … Ich habe nicht gestillt … Ich habe es nicht getragen … Ich habe Brei gefüttert … Ich habe es in einen Kindergarten gegeben … Ich schreie zu viel … Ich bin zu inkonsequent … Die Liste an Dingen, die wir uns vorwerfen könnten, ist lang. Wahrscheinlich gibt es in jeder Familie Punkte, die heimlich oder sogar ganz offen am Gewissen nagen.

Wir können mit diesem schlechten Gewissen auf zwei Arten umgehen. Es kann uns einerseits ein hilfreicher Begleiter dabei sein, zu erkunden, was wir in unserem Leben wirklich ändern könnten. Schauen wir also tief hinein in unser Gefühlsleben und fragen wir uns: Warum bekümmert mich diese Sache so? Bin ich fest davon überzeugt, dass ich es anders machen müsste? Es gibt Dinge, die wir wirklich im Alltag verändern können, und für diese ist das schlechte Gewissen gut: zum Beispiel wenn wir merken, dass wir zu wenig qualitativ hochwertige Zeit mit den Kindern verbringen, oder wenn wir spüren, dass wir zu oft gestresst und deswegen schlecht gelaunt und laut sind. Es gibt Dinge an unserem Verhalten, bei denen uns unsere Intuition, unser inneres Gefühl, sagt: So ist das nicht gut, du musst das ändern! Das schlechte Gewissen kann dann eine wertvolle Anregung sein, um Dinge nachhaltig zu ändern – für ein entspannteres Leben.

An manchen Fakten aber, die unser Gewissen plagen, können wir nichts ändern. Oft sind das Dinge, die uns von der Gesellschaft als schlecht eingeredet werden, die wir im Vergleich zu anderen als schlecht wahrnehmen oder über die andere den Kopf schütteln. Rahmenbedingungen, an denen sich vielleicht nichts ändern lasst: Dass wir unseren Kindern nicht das gewünschte teure Spielzeug kaufen können, dass wir einfach das Kind nicht anders zur Welt bringen konnten als per Kaiserschnitt oder das Stillen nun einmal trotz aller Anstrengungen nicht geklappt hat. Es gibt im Elternleben immer wieder Dinge, die anders laufen werden, als wir uns das gedacht haben. Immer. Es bringt nichts, wenn wir uns langfristig deswegen grämen, da wir doch nichts an der Situation ändern können. Als Eltern müssen wir auch lernen, Dinge anzunehmen, an denen sich nichts ändern lässt, und unseren Weg vielleicht anders zu gehen, als wir es eigentlich gedacht haben. »Das Prinzip der rollenden Planung« hat meine Kollegin Martina es immer genannt: Dinge ändern sich, und wir gehen damit entsprechend neu um. Das schlechte Gewissen müssen wir dann einfach hinter uns lassen, denn es hindert uns daran, wirklich voranzukommen. Wir packen ein Päckchen mit dem, was wir anders gemacht haben wollten, schnüren es liebevoll zu und verabschieden uns davon. Beim nächsten Mal wird es vielleicht anders gehen, diesmal ging es nicht. Und dann schauen wir nach vorn.

Immer wenn wir nach vorn schauen, blicken wir auf unseren Weg. Auf den, der uns eben möglich ist. Und wir machen das Beste daraus. Ab und zu kann man links und rechts wunderbare Ideen aufschnappen, aber es bleibt unser ganz individueller Weg. Er ist sicher anders als der von anderen Menschen, die unsere Bahn an der einen oder anderen Stelle kreuzen. Manchmal bringen sie Geschenke mit in Form von Impulsen für unser Leben, aber manchmal ist es auch besser, einfach schnell aneinander vorbeizugehen. Vergleiche mit anderen können eine Anregung sein oder uns die Zeit verleiden, indem sie uns nur aufzeigen, wie anders wir sind. Jede Familie hat ein Recht auf ihren ganz persönlichen Weg und ein liebevolles Miteinander, das zu genau ihrer Lebenssituation passt. Deswegen: Lasst uns einfach mit den negativen Vergleichen aufhören. Selbst dann, wenn wir denken, dass wir diejenigen sind, die den offensichtlich besseren Weg gehen. Wir können immer nur Anregungen geben, Impulse. Wir können und sollten nicht versuchen, andere durch ein schlechtes Gewissen oder den erhobenen Zeigefinger zu ermahnen. Eltern brauchen Unterstützung und ab und zu ein liebevolles Zunicken. So wie wir unsere Kinder positiv bestärken und nicht bestrafen, sollten wir auch mit den Meinungen anderer Eltern umgehen. Wir sollten das Gute positiv hervorheben und das, was wir an anderen nicht so gut finden, bei ihnen lassen.

Schlusswort

Ich habe meine Kinder beide nicht in der Klinik geboren: Meine Tochter kam im Geburtshaus zur Welt, mein Sohn zu Hause. Ich habe beide lange gestillt und ausschließlich getragen. Wir haben ein Familienbett, haben Stoffwindeln benutzt und sogar windelfrei praktiziert. Aber all dies habe ich nicht getan, weil man es tun muss, um eine sichere Bindung aufzubauen und eine glückliche Kindheit zu gewährleisten. Ich habe es getan, weil es eben zu uns als Familie passte. Weil es unser ganz persönlicher Weg war, und ich mich dabei wohl und entspannt fühlte.

Doch der Weg einer glücklichen Kindheit kann auch ganz anders aussehen. Er kann in einer Klinik beginnen, mit künstlicher Säuglingsnahrung weitergeführt werden und ganz ohne Abhalten und Stoffwindeln und ohne Tragetuch passieren. Viele befreundete Eltern sind ganz andere Wege gegangen und haben dennoch eine wunderbare, von einer sicheren Bindung geprägte Beziehung zu ihren Kindern. Es sind Eltern, die ihre Kinder lieben. Und Kinder, die sich sicher und geborgen bei ihren Eltern fühlen.

Als Eltern können wir heute viel tun und aus unglaublich vielen Lebensentwürfen und Erziehungsmöglichkeiten auswählen. Wir haben das große Glück, dass wir in unserer Gesellschaft vielfältige Möglichkeiten haben. Manchmal sind es mehr, als wir gebrauchen könnten, und wir sind verwirrt von all den verschiedenen Ansätzen und Angeboten. Ja, es drängt sich fast ein Zwang auf, auf jeden Fall den richtigen Weg zu wählen und keine Fehler zu machen. Wir beschallen das Baby schon im Mutterleib mit Mozart, wir beobachten die Entwick-

lung des kleinen Menschen in unserem Bauch akribisch durch
Messwerte und Wahrscheinlichkeitsberechnungen, wir lesen
Bücher über Geburten und Erziehung und besuchen all die
Kurse, die man als Eltern besuchen sollte und die für die kindliche Entwicklung wichtig sein könnten. Doch bei all diesen
Gedanken, bei all den Sorgen, die sich dahinter verbergen, und
allen kopflastigen Entscheidungen übersehen wir manchmal,
worauf es wirklich ankommt: darauf, auf unser Herz zu hören. Das Zusammenleben mit Kindern zeichnet sich besonders
durch eines aus: Einfühlungsvermögen. Wir müssen nicht alle
wissenschaftlichen Fakten zum Babyschlaf oder den neurologi-
schen Abläufen in der Trotzphase oder in der Pubertät kennen,
wir müssen nur die Fähigkeit, den Mut und den Willen haben,
uns in unsere Kinder hineinzuversetzen. Diese Eigenschaften
sollten uns Eltern von dem Punkt an, an dem wir Eltern werden, für den Rest unseres Lebens begleiten. Auch wenn wir
manchmal nicht mit unseren Kindern einer Meinung sind und
andere Wege gehen, als sie es sich wünschen, ist die Einfühlung in ihr Erleben und ihre Welt das wichtigste Gut, das wir
ihnen mitgeben können.

Einfühlung bringt mit sich, dass wir uns selbst hinterfragen.
Wir sehen uns durch unsere Kinder wie in einem Spiegel. Wir
spüren nach, wie es ihnen geht, und besonders, wie es ihnen
mit unseren Entscheidungen geht. Wir müssen sie nicht nach
strengen Richtlinien »gerade ziehen«, nach irgendwann gesetzten Normen oder gesellschaftlichen Konventionen. Wir müssen sie als Menschen wahrnehmen, die noch am Anfang ihres
Lebens stehen und deswegen besonders viel Aufmerksamkeit
und Einfühlungsvermögen benötigen. Wir lassen sie in Liebe,
Respekt und durch uns als Vorbild aufwachsen.

Der Weg kann bei jedem ein wenig anders aussehen. Es gibt
keine Patentrezepte für einzelne Situationen. Dogmen sind
im Leben mit Kindern oft unnütz und schaden mehr, als dass

sie helfen. Kinder ändern sich im Laufe der Zeit, so wie wir Erwachsene uns ändern und auch das Leben um uns herum. Bleiben unsere Augen offen und unsere Herzen bereit, unseren Alltag immer wieder neu aus der Kinderperspektive zu betrachten, haben wir damit die einzig wirklich wichtigen Zutaten für ein geborgenes Aufwachsen gefunden.

Danksagung

Zum Abschluss möchte ich mich für die großartige Unterstützung bedanken, die ich für dieses Buch erhalten habe. Ein großes Dankeschön geht an Silke Foos, die die Idee zu diesem Buch hatte und darin all das festhalten wollte, was hinter meinem Blog »Geborgen wachsen« steht. Meine wunderbare Lektorin Sonia Gembus hat mich während der Monate der Arbeit unterstützt, aufgemuntert und bestärkt. Und natürlich ist meine Familie an meiner Seite gewesen: Mein Mann, meine beiden Kinder und das Baby in meinem Bauch, das gemeinsam mit diesem Buch geboren wird. Durch sie lerne ich jeden Tag neu und erhalte nicht nur Kraft und Liebe, sondern auch ganz viel Inspiration. Ohne die liebevolle Unterstützung meines Mannes Caspar an den vielen Tagen, an denen er seine Arbeit unterbrach, damit ich an diesem Buch schreiben konnte, wäre es nie fertig geworden. Auch meine Freunde und Freundinnen haben mich begleitet und bestärkt, allen voran meine liebe Freundin Alu, die geduldig weitere Aufnahmen unseres Podcasts »Mutterskuchen« immer wieder verschoben hat. Und meine Freundin Anja, die mich immer wieder über unsere tägliche Facebook-Kommunikation aufheiterte.

Und ein großer Dank geht natürlich an all meine Leserinnen und Leser, die täglich mein Blog besuchen, sich mit mir auf Facebook, Twitter und Instagram austauschen, mich auf meinem Weg begleiten und mich gleichzeitig an ihrem teilhaben lassen. Ihr alle seid mein persönlicher (Online-)Clan und ich bin so froh, dass es euch gibt!

Literatur

Kapitel 1: Verbunden von Anfang an –
Wie die Melodie unseres Lebens entsteht

Alberti, Bettina (2007): Die Seele fühlt von Anfang an. Wie pränatale Erfahrungen unsere Beziehungsfähigkeit prägen. München: Kösel.

Bowlby, John (1987): Bindung. In: Karin Grossmann und Klaus E. Grossmann (Hrsg.) (2003): Bindung und menschliche Entwicklung. Stuttgart: Klett-Cotta.

Brisch, Karl Heinz (2010): Safe. Sichere Ausbildung für Eltern. Stuttgart: Klett-Cotta.

Burgdorf, Jeffrey, und Panksepp, Jaak (2006): The neurobiology of positive emotions. In: Neuroscience and Biobehavioral Reviews 30 (2006) 173–187, online: http://gruberpeplab.com/teaching/psych231_fall2013/documents/231_BurgdorfPanksepp2006.pdf.

de Jong, Theresia Maria (2004): Im Dialog mit dem Ungeborenen. Petersberg: Via Nova.

Eliot, Lise (2003): Was geht da drinnen vor? Die Gehirnentwicklung in den ersten fünf Lebensjahren. Berlin: Berlin.

Imlau, Nora (2016): Schlaf gut, Baby! Der sanfte Weg zu ruhigen Nächten. München: GU.

Niebergall, Doris, und Mierau, Susanne (2012): Vom Einzelkind zum Geschwisterkind. Wie sich Familien gut auf das neue Baby vorbereiten können. In: Frühe Kindheit 02/12, Seite 28–31.

Schlotz, Sabine (2015): Bauchgeflüster. Schwangerschaftsrituale für eine innige Mutter-Kind-Beziehung. Stuttgart: Trias.

Ustorf, Anne-Ev (2012): Allererste Liebe. Wie Babys Glück und Gesundheit lernen. Stuttgart: Klett-Cotta.

Kapitel 2: Geborgen gebären, geborgen ankommen

Bloemeke, Viresha J. (2015): Es war eine schwere Geburt. Wie schmerzliche Erfahrungen heilen. München: Kösel.

Gaskin, Ina May (2013): Birth Matters – Die Kraft der Geburt. Ein Hebammenmanifest. fidibus.

Janus, Ludwig (2007): Der Seelenraum des Ungeborenen. Pränatale Psychologie und Therapie. Düsseldorf: Patmos.

Odent, Michel (2010): Oxytocin – das scheue Hormon. In: Deutsche Hebammen Zeitschrift 01/2010, Seite 6 bis 9.

Odent, Michel (2010): Die Natur des Orgasmus. Über elementare Erfahrungen. München: Beck.

Odent, Michel (2006): Geburt und Stillen. Über die Natur elementarer Erfahrungen. München: Beck.

Plothe, Christof (2009): Die perinatale Gabe von Oxytocin und deren mögliche Konsequenzen auf die Psyche des Menschen. In: International Journal Prenatal and Perinatal Psychology and Medicine. Vol. 21 (2009) No. 3/4, Seite 233 bis 251, online verfügbar unter: http://www.mattes.de/buecher/praenatale_psychologie/PP_PDF/PP_21_3-4_Plothe2.pdf.

Uvnäs-Moberg, Kerstin (2006): Physiological and Endocrine Effects of Social Contact. In: Annals of the New York Academy of Sciences, Volume 807, Integrative Neurobiology of Affiliation, Seite 146–163.

Kapitel 3: Das Kind verstehen – Signale erkennen und bindungsorientiert beantworten

Imlau, Nora (2015): Meine kleine Schlaffabrik. In: Eltern 10/2015, S. 22–25.

Klaus, Marshall H., und Klaus, Phyllis H. (2003): Das Wunder der ersten Lebenswochen. München: Goldmann.

Papousek, Mechthild (2001): Vom ersten Schrei zum ersten Wort. Anfänge der Sprachentwicklung in der vorsprachlichen Kommunikation. Bern: Hans Huber.

Tracy, Rosemarie (2007): Wie Kinder Sprachen lernen. Und wie wir sie dabei unterstützen können. Tübingen: Francke.

Kapitel 4: Bindung findet im Alltag statt

Bartig-Prang, Tatje (2015): Pipi. Kacka. Gut gewickelt – ruckzuck windelfrei. Stuttgart: Trias.

Bensel, Joachim (2008): Der Einfluss westlicher Betreuungspraktiken und Geburtsumstände auf den Verhaltenszustand von Säuglingen – Ergebnisse der Freiburger Säuglingsstudie. In: Brisch, Karl Heinz, und Hellbrügge, Theodor (Hrsg.) (2008): Der Säugling – Bindung, Neurobiologie und Gene. Stuttgart: Klett-Cotta, Seite 88–103.

Eliot, Lise (2003): Was geht da drinnen vor? Die Gehirnentwicklung in den ersten fünf Lebensjahren. Berlin: Berlin.

Fontanel, Béatrice, und d'Harcourt, Claire (2008): Babys in den Kulturen der Welt. Hildesheim: Gerstenberg.

Gresens, Regine (2016): Intuitives Stillen. Müchen: Kösel.

Gonzáles, Carlos (2008): Mein Kind will nicht essen. Minden: La Leche Liga.

Hartz, Sabine; Kienzle-Müller, Birgit, und Höwer, Ulrike (2012): Baby in Balance. Weniger weinen, besser schlafen, Bewegung fördern. München: GU.

Hernandes-Reif, Maria (2008): Effekte von Berührung und Massage auf Kinder und Eltern. In: Brisch, Karl Heinz, und Hellbrügge, Theodor (Hrsg.) (2008): Der Säugling – Bindung, Neurobiologie und Gene. Grundlagen für Prävention, Beratung und Therapie. Stuttgart: Klett-Cotta, Seite 104–116.

Kirkilionis, Evelin (2013): Ein Baby will getragen sein. Alles über geeignete Tragehilfen und die Vorteile des Tragens. München: Kösel.

Lothrop, Hannah (2004): Das Stillbuch. München: Kösel.

Renz-Polster, Herbert (2010): Kinder verstehen. Born to be wild. Wie die Evolution unsere Kinder prägt. München: Kösel.

Schmidt, Nicola (2015): artgerecht. Das andere Baby-Buch. München: Kösel

Stern, Loretta, und Gaca, Anja C. (2014): Das breifrei! Kochbuch. So schmeckt es dem Baby und der ganzen Familie. München: Kösel.

Odent, Michel (2006): Geburt und Stillen. Über die Natur elementarer Erfahrungen. München: C. H. Beck.

Vincze, Maria (1987): Die Bedeutung der Kooperation während der Pflege. In: Pikler, Emmi, und Tardos, Anna (1987): Miteinander vertraut werden. Wie wir mit Babies und kleinen Kindern gut umgehen. Ein Ratgeber für junge Eltern. Freiburg: Herder.

Kapitel 5: Verwöhnen, Grenzen setzen und das familiäre Umfeld

Alberti, Bettina (2007): Die Seele fühlt von Anfang an. Wie pränatale Erfahrungen unsere Beziehungsfähigkeit prägen. München: Kösel.

Lebéus, Angelika-Martina (2001): Kinderbilder und was sie uns sagen. Weinheim: Beltz.

Mierau, Susanne, und Niebergall, Doris (2012): FABELhaft durchs erste Babyjahr. Der gute Start für Eltern und Babys. Bewegung und Bindung, Spiel und Spaß. Münster: Ökotopia.

Kapitel 6: Glückliche Eltern, glückliche Kinder?

Odent, Michel (2006): Geburt und Stillen. Über die Natur elementarer Erfahrungen. München: C. H. Beck.

Winnicott, Donald W. (1999): Kind, Familie und Umwelt. München: Reinhardt.

Netzempfehlungen

Wir Eltern brauchen andere, wir brauchen Unterstützung, Hilfe und Anregungen. Familie, das wird mit Blick auf die Menschheitsgeschichte klar, bestand immer aus vielen. Wir brauchen eigentlich das Zusammenleben in der Gruppe, damit es uns gut geht. In unserer modernen Gesellschaft mit ihrer Mobilität und Vereinzelung ist das Leben in einem unterstützenden Clan jedoch kaum noch möglich. Viele Familien sind aus verschiedenen Gründen, oft wegen der Erwerbstätigkeit, dazu gezwungen, an neue Orte zu ziehen, an denen sie keine Herkunftsfamilie zur Unterstützung haben und vielleicht anfangs niemanden kennen. Auch wenn das Internet kein Ersatz für Hilfen vor Ort ist, wenn es nicht praktische Unterstützung und eine real existierende helfende Hand anbieten kann, ist es für viele Familien heute doch ein Ort des Austauschs geworden. Ein Ort, an dem man neue Bekannte finden kann, die sich vielleicht auch in Freunde vor Ort verwandeln. Das Netz ist ein Platz, an dem man Anregungen für den eigenen Alltag sammeln kann, je nachdem, für welches Konzept der Elternschaft man sich entschieden hat. Der »Onlineclan« bringt Bastelideen, Vernetzung und Informationen nach Hause. Man ist in einer Gemeinschaft Gleichgesinnter.

Natürlich kann die Gemeinschaft im Netz nicht die unterstützenden Kontakte im Familienleben vor Ort gänzlich ersetzen. Und wir Eltern müssen dabei auch auf uns achten, damit wir nicht zu sehr in diese Welt abtauchen und neben dem Bedürfnis nach Austausch mit anderen den Austausch – insbesondere mit unseren Kindern – im Alltag vernachlässigen. Das Miteinander mit unseren Kindern und das Gespräch mit unserer Familie mit Blickkontakt sollten immer an erster Stelle stehen. Doch daneben kann die Onlinewelt in vielen Lebenslagen eine hilfreiche Unterstützung sein.

Gemeinsam mit meinem eigenen »Onlineclan« habe ich Orte im Netz zusammengetragen, an denen es um bindungsorientierte Elternschaft geht. Für dich zum Weiterlesen und für den Austausch:

◇ www.geborgen-wachsen.de – Das Blog zum Buch
◇ www.attachment-parenting.de – Blog einer dreifachen AP-Mutter
◇ www.buntraum.at – Wiener Blog einer Mutter, die Spielraumkurse nach Emmi Pikler anbietet
◇ www.emilundida.com – Hamburger Blog einer Mutter und Fotografin mit nachdenklichen Texten und schönen Bildern über ihr Familienleben
◇ www.elternvommars.com – Blog einer Mutter und Montessori-Pädagogin mit schönen Gestaltungsideen für Spielbereiche
◇ www.bergstermann.de/saeuglingspflege/ – Blog über die Geschichte der Säuglingspflege einer Mütterberaterin
◇ www.gewuenschtestes-wunschkind.de – Blog von zwei Berliner Müttern rund um bindungsorientierte Elternschaft mit langen Texten und vielen Literaturhinweisen
◇ www.jademond.de – Blog einer Mutter und Künstlerin, die hier ihren achtsamen Lebensweg teilt
◇ blog.kinder-verstehen.de – Blog vom Kinderarzt Herbert Renz-Polster
◇ www.naturkinder.typepad.com – Blog einer Mutter und Naturkinder-Gruppenleiterin, die zauberhafte Bastelideen mit Kindern vorstellt und über ihre Alltagsaktivitäten berichtet

◇ www.nestling.org – Blog einer zweifachen Mutter rund um Nestwärme

◇ www.nora-imlau.de – Blog der Autorin Nora Imlau

◇ www.rabeneltern.org – Blog der Rabeneltern, um mit Ammenmärchen aufzuräumen

◇ www.stillen-und-tragen.de/forum – kein Blog, aber ein umfassendes Forum für einen guten Austausch mit anderen Eltern

◇ www.stillkinder.de – Blog einer Hebamme, Stillberaterin IBCLC (Laktationsberaterin) und Heilpraktikerin für Psychotherapie rund um Stillthemen

◇ stillzwerg.blogspot.de – Blog einer dreifachen Mutter über alles rund um Attachment Parenting

◇ urnaturaen.blogspot.de – Blog einer zweifachen Mutter über ein alternatives Leben mit Kindern

◇ www.vonguteneltern.de – Familienblog einer Hebamme und Mutter und eines Vaters rund um Schwangerschaft und Familie

◇ www.123-windelfrei.de – Blog der Autorin Nicola Schmidt über artgerechtes Familienleben

◇ wunschkind-herzkind-nervkind.blogspot.de – Blog einer Mutter über bindungsorientierte Elternschaft und die Gestaltung des Alltags

Anmerkungen

1 Siehe Bowlby, *Bindung*; 1987.

2 Siehe Brisch, *Safe*; 2010.

3 Siehe de Jong, *Im Dialog mit dem Ungeborenen*; 2004, Seite 11.

4 Schlotz, *Bauchgeflüster*; 2015, Seite 54 f.

5 Siehe Brisch: *Safe*; 2010, Seite 76.

6 Siehe Burgdorf und Panksepp, *The neurobiology of positive emotions*; 2006.

7 Siehe Uvnäs-Moberg, *Physiological and Endocrine Effects of Social Contact*; 2006.

8 Siehe Ustorf, *Allererste Liebe*; 2012, Seite 29 f.

9 Siehe Eliot, *Was geht da drinnen vor?*; 2003, Seite 59.

10 Siehe Alberti, *Die Seele fühlt von Anfang an*; 2007.

11 Siehe Niebergall und Mierau, *Vom Einzelkind zum Geschwisterkind*; 2012.

12 Gaskin, *Birth Matters*; 2013, Seite 39.

13 Odent, *Die Natur des Orgasmus*; 2010, Seite 108 f.

14 Nach Uvnäs-Moberg, *Physiological and Endocrine Effects of Social Contact*; 2006.

15 Siehe Plothe, *Die perinatale Gabe von Oxytocin und deren mögliche Konsequenzen auf die Psyche des Menschen*; 2009, Seite 242 f.

16 Siehe auch Odent, 2010.

17 Odent, *Die Natur des Orgsamus*; 2010, Seite 21.

18 Siehe Gaskin, *Birth Matters*; 2013, Seite 48.

19 Siehe Janus, *Der Seelenraum des Ungeborenen*; 2007.

20 Siehe Bloemeke, *Es war eine schwere Geburt*; 2015.

21 Siehe Klaus und Klaus, *Das Wunder der ersten Lebenswochen*; 2003, Seite 58.

22 Siehe Imlau, *Meine kleine Schlaffabrik*; 2015.

23 Siehe Papousek, *Vom ersten Schrei zum ersten Wort*; 2001, Seite 97.

24 Siehe Tracy, *Wie Kinder Sprachen lernen*; 2007.

25 Siehe Renz-Polster, *Kinder verstehen*; 2010, Seite 109.

26 Odent, *Geburt und Stillen*; 2006, Seite 122.

27 Siehe Eliot, *Was geht da drinnen vor?*; 2003, Seite 261.

28 Siehe Eliot, *Was geht da drinnen vor?*; 2003, Seite 264.

29 Lothrop, *Das Stillbuch*; 2004, Seite 137.

30 Siehe auch Stern und Gaca, *Das breifrei! Kochbuch*; 2014.

31 Siehe Gonzáles, *Mein Kind will nicht essen*; 2008, Seite 138.

32 Siehe Bartig-Prang, *Pipi. Kacka. Gut gewickelt – ruckzuck windelfrei*; 2015, Seite 41.

33 Siehe Schmidt, *artgerecht. Das andere Baby-Buch*; 2015, Seite 194.

34 Vincze, *Die Bedeutung der Kooperation während der Pflege*; 1987.

35 Siehe Hernandez-Reif, *Effekte von Berührung und Massage auf Kinder und Eltern*; 2008.

36 Siehe Bensel, *Der Einfluss westlicher Betreuungspraktiken und Geburtsumstände auf den Verhaltenszustand von Säuglingen*; 2008, Seite 89.

37 Kirkilionis, *Ein Baby will getragen sein*; 2013.

38 Fontanel und d'Harcourt, *Babys in den Kulturen der Welt*; 2008.

39 Siehe Hartz, Kienzle-Müller und Höwer, *Baby in Balance*; 2012, Seite 75.

40 Alberti, *Die Seele fühlt von Anfang an*; 2007, Seite 66.

41 Mierau und Niebergall, *FABELhaft durchs erste Babyjahr*; 2012.

42 Siehe Lebéus, *Kinderbilder und was sie uns sagen*; 2001.

43 Siehe Odent, *Geburt und Stillen*; 2006, Seite 122.